いつも
いいことが
起こる

自然からの無限パワーチャージ

大木ゆきの
Yukino Ohki

PHP研究所

大自然のパワースポットで波長を整えよう！

大自然に触れると、人はなぜ深い感動を覚えるのでしょうか。それは、自然がありのままの姿で最高に美しく、パワーにあふれているからです。

それは実は、「宇宙の法則」でもあります。

すべての天体、そこで育《はぐく》まれる生命の営み、そしてその一部である人間も、本来ありのままで完璧《かんぺき》な存在です。雄大な自然を前にすると、人はそれを思い出すことができます。そのとき、心と体の芯の部分から、活力が湧《わ》き出てくるのです。

自然は、「無償《むしょう》の愛」をも体現しています。大地や清流や木々の緑はすべて芸術品のような美しさを持っていますが、どれだけ見ても触れても、お金を求めたりはしません。ただそこにあるだけで私たちに活力を与え続ける、無限の包容力を備えています。

次のページから紹介するのは、「火」「水」「土」「植物」の４つのパワーを持つ自然。それぞれ特有のエネルギーを持ち、訪れる人に生命力をもたらします。停滞していた気持ちに再び熱気をよみがえらせたり、心と体を若々しく生まれ変わらせたり、思考力を整えたり、悩みや迷いを吹き飛ばしたり——。それぞれのエネルギーにつながることで波長が整い、「新しい自分」に生まれ変わることができます。

時には少し遠出をして、４つのエネルギーとつながりに行きませんか？　日常生活からしばし離れて、心身にパワーをチャージしましょう。

火のパワーをもらうなら 火山

噴火口は、山腹や山頂にある「地面の破れ目」。覗《のぞ》き見ると、地球の内部で燃えるパワーの「たぎり」を、直接目にすることができます。この高いエネルギーとつながれば、自分のなかにあったまっすぐな情熱を思い出すことができます。何をしたいのか、何を求めているのか、どう生きたいのか——日常生活のなかでつい忘れがちな「意志」や「希望」、時には「欲望」を発見できます。今の自分は本来の自分だろうか、将来に向けてどう歩むか、といった明確な道筋が見つかることもあるでしょう。

なお、火山の熱を吸収した「温泉」に体を浸すのも良い方法。日常の疲れを癒やしながら、本来のありたい自分へと立ち返れます。

おすすめスポット

大涌谷《おおわくだに》

［神奈川県足柄下《あしがらしも》郡］

箱根火山の噴火口。「箱根ロープウェイ」に乗り、真上から見ると迫力満点。「大涌谷駅」で降りて、噴気を間近に見ることも可能。

地獄谷《じごくだに》

［北海道登別《のぼりべつ》市］

登別温泉の源泉でもある、直径約450mの巨大な火口群。遊歩道を歩けば熱気と熱湯のたぎりをすぐそばで見られる。

水のパワーをもらうなら 湧き水

地面から湧き出す水は、まだ何の不純物も混じらない、清らかさに満ちたエネルギーを持っています。ピュアな「生まれたての水」――それは、若さそのものでもあります。

湧き水に触れて冷たさを感じたり、喉《のど》を潤したりすると、このエネルギーと体が同調し、**若々しさを取り戻せます。**

湧き水の傍《かたわ》らにしばし身を置き、その水に触れると、肌にツヤや潤いが戻ってきます。湧き水は、最高のアンチエイジング作用をもたらすのです。

肌だけでなく、気持ちも清新に。透明な水を見て、湧き出す音を耳で捉え、その冷たさに触れたら、心にも「生まれたてのパワー」がみなぎるでしょう。

おすすめスポット

忍野八海《おしのはっかい》

［山梨県南都留郡《みなみつる》］

富士山の雪解け水が湧き出した、美しく青い泉。その場で飲むこともできるほか、近隣ではこの水を使用したソバも食べられる。

ふきだし公園

［北海道虻田郡《あぶた》］

名水百選にも選ばれた、羊蹄《ようてい》山《ざん》の伏流水の湧き水は「美味」で有名。ほのかな甘みがあり、別名「甘露《かんろ》水」とも呼ばれる。1日の湧水量は約8万トン。

土のパワーをもらうなら 岩

岩は、大地のエネルギーが何万年もかけて凝縮したパワーの塊《かたまり》。特に「巨大な岩」は古来、信仰のよりどころでした。山上の巨岩の上で巫女《みこ》が祭祀《さいし》を行なったり、山伏《やまぶし》が修験道《しゆげんどう》の修行を行なったりと、「神の宿る場所」として神聖視されてきたのです。

つまり巨岩は、宇宙の神聖なエネルギーと人間の世界がつながる接点。そのそばに身を置くと、自分の内部の最も崇高《すうこう》なエネルギーが、宇宙とつながりやすくなります。

悩みや迷いがあるとき、巨岩の前に立って見上げれば、ゆるぎない心や、自分を大切に思う気持ちがよみがえってくるでしょう。巨大で神聖な岩に畏敬《いけい》の念を抱きつつ向かい合い、不動のパワーをチャージしてもらいましょう。

おすすめスポット

覚円峰《かくえんぽう》

［山梨県甲府《こうふ》市］

昇仙峡《しようせんきよう》のなかにそびえたつ巨大な一枚岩。名僧・覚円禅師がこの上で修行したと伝えられている。見上げるだけでも壮観。

岩櫃山《いわびつやま》

［群馬県吾妻《あがつま》郡］

山全体が岩であり、真田《さなだ》氏の城「岩櫃城」があった場所でもある。登山しつつ岩に触れるほか、遠くから見るだけでも迫力がある。

植物のパワーをもらうなら 大木

何百年、何千年もの樹齢を持つ大木には、地球上の叡智《えいち》が集積されています。

大木は何世紀も変わらず同じ場所に立ち続けていますが、実は地球上の大木どうしはつながり合っていて、その知恵を交換し合っているのです。つまり１本の木は、その内部に世界中の叡智を宿しているのです。

神社のなかにあるご神木《しんぼく》や、森のなかでひときわ存在感を放つ大木も、すべて最高の「賢者」。その前に立つと、高次元の叡智のパワーと同調できます。人生に迷ったとき、心に乱れのあるとき、内側から自然に答えが見つかり、とるべき行動がわかる――そんな不思議なパワーを、巨木はもたらしてくれるのです。

おすすめスポット

來宮《きのみや》神社の大楠《おおくす》

〔静岡県熱海市〕

樹齢2000年を超えるクスノキ。不老長寿の象徴とされ、１周しながら願い事を念ずると実現するとの言い伝えも。

那智《なち》の樟《くす》

〔和歌山県 東牟婁《ひがしむろ》郡〕

熊野那智大社にあるご神木。幹が空洞化しており、そのなかを通る「胎内《たいない》くぐり」をすれば無病息災が叶《かな》うとされる。

プロローグ

心や体が疲れているとき、元気が出ないとき、自分の本当の気持ちがわからなくなったとき、自然はあなたに大きな力を与えてくれます。

それは無言のエネルギーでありながら、雄弁な人間の言葉以上にあなたを癒やし、支え、力づけてくれます。

それなのに自然は無償《むしょう》なのです。なんという深い愛なのでしょうか……。

私はそんな自然が大好きです。

今、私が空と海が一望できる場所に住んでいるのも、自然を日常的に感じていたいからです。

今朝も海から昇ってくる朝日を見ました。空と海がオレンジから黄金に染まり、光にあふれる瞬間は、いつも私に大きな活力を与えてくれます。

まるで自分が生まれ変わったかのようにリセットされ、新しい一日をスッキリとスタートできます。

家のすぐそばにはみかん畑が広がっているのですが、まあるい実をいっぱいにつけているのを見るだけで、なんだか自分の人生にも実りがもたらされたような気がして、うれしくなってきます。

満月の夜は、海に銀色の光の道ができ、太陽の輝きとは違う、意識の深いところまでしみわたるような深い癒やしを感じます。

自然はいくら見ても飽きません。いつも新鮮な感動をもたらしてくれます。そのことを日々実感しています。

この仕事を始めるようになってから、好きなことを、好きなようにやらせてもらい、自由気ままで、豊かな人生を送れるようになりましたが、以前の私はそうではありませんでした。

いつも自分に厳しい理想を突きつけ、それに向かって頑張るようにお尻を叩《たた》いていました。自分自身のことを、理想とはほど遠い未熟で不完全な人間だと思い込んでいたので、いつも自分をけなし、叱り、否定していました。

そんな状態で幸せになれるはずもなく、いつも大きなストレスを抱えていました。

「どうしてこんなにうまくいかないんだろう」

「私だって一生懸命やっているのに」

そんな苦しさに押しつぶされそうになるたびに、海を見に行ったり、富士山を見に行ったり、温泉に入りに行ったり、きれいな水の流れる渓谷に行ったり、巨木の森に足を踏み入れたり……。

ずいぶんと自然に癒やされました。自然から力をもらいました。

そして自然には、それぞれに違ったパワーがあることにも気づきました。

この本では、全部で二四もの自然が持つ様々なパワーと、そのパワーを受け取る方法をご紹介しています。さらにそのパワーを一番受け取りやすくなる季節に分類し、春夏秋冬の四つの季節ごとに収録しています。

各項目は、最初に総論、そのあとにパワーを受け取る方法がだいたい二つ入るという構成になっています。季節ごとに紙面の色が違うとてもカラフルな本にしていただきました。

二〇二〇年はコロナに始まりコロナに終わった一年でした。仕事や生活のしかたも変わり、健康や自分の将来に不安を抱える方もきっと多かったでしょう。

緊急事態宣言発出中は外出も自粛するようになり、家に閉じ込められているような息苦しさを感じた方もいらっしゃったかもしれません。

でもそういうときこそ、この本で紹介している自然のパワーチャージを活用してください。空も太陽も大地もあなたの身近にあります。

私は緊急事態宣言が発出されているとき、家の近所をあちこち散歩しましたが、家から見える空と海以外にも、近所に知られざる自然のパワースポットがたくさんあることに驚きました。大都会のど真ん中だったとしても、意外にそういう場所はあるものです。

それに自然はいつも無償であなたにパワーチャージしてくれます。

これを活用しない手はありません。

あなたがこの本を活用して、本来のあなたを取り戻し、心身ともに健《すこ》やかな状態になることを心から祈っています。

大木ゆきの

いつもいいことが起こる自然からの無限パワーチャージ　目次

season 2 夏 SUMMER

season 3 秋 AUTUMN

4 season
冬
WINTER

初出：『PHPくらしラク～る♪』
月刊・増刊号

ブックデザイン　根本佐知子（梔図案室）
編集協力　林 加愛
イラスト　桜井ココロ（本文）
土田菜摘（コラム）

1 season

season　春　SPRING

花

暖かな風とともに、花々がいっせいに咲き誇る季節がやってきました。
冬の間に縮こまっていた私たちのエネルギーも、
華やかに花開かせてみませんか？

花がくれるパワーとは

- 隠れていた魅力を外に出す力
- やさしく華やかな、香り立つ女性らしさ
- 人を惹《ひ》きつける魅力や華やかさ

つぼみが開くように、内なる魅力を解放しよう

日に日に寒さが緩《ゆる》み、明るい光が室内へと差し込むこの季節。「春が来た！」と思うときに同時に起こるのは、外に出たいという気持ち。散歩をしたい、買い物に行きたい——そんな感情を抱くのではないでしょうか。それは決して人間だけではありません。春は、自然界のあらゆるものが「外」へとエネルギーを放出し始める季節です。動物は冬眠から覚《さ》め、草は芽吹き、そして——そう、花々がいっせいに咲き始めます。

花は、その植物の一番美しい部分です。鮮やかな色、やわらかな花びら、やさしい香り。

硬かったつぼみがゆっくりとほころんで、内なる魅力が外に現れる。私

たちも、そんな花のエネルギーと同調することで、内なる「つぼみ」を開花させることができます。

たとえば美しさ。自分では気づいていなかった女性としての魅力――華やかさややさしさ、繊細さが、花と触れ合うことで目覚めます。

一方、花は「人気を呼ぶ」ものでもあります。桜が咲くと、その木の下には人が集まり、にぎやかに過ごしますね。花のエネルギーを吸収すれば、そんな「人を惹きつける力」も表に出ます。

あなたの魅力を引き出してくれる花々と出会うため、さあ、外に出かけましょう!

season 春 SPRING

花

花のエネルギーとつながる方法①

花に顔を近づけ、香りを感じる

花の魅力は、見た目だけではありません。バラ、沈《じん》丁花《ちょうげ》、梅——さまざまな「香り」もまた、花々の素晴らしさを際《きわ》立たせます。

「匂いがない」と私たちが思っている花も、顔を寄せてみるとほのかに香るもの。その香りには、女性らしさを引き出す力があります。

公園や、道端に咲く花に歩み寄り、匂いを感じ取ってみましょう。お店で売っている花でもかまいませんが、切り取られているぶん、自然の花よりもエネルギーは低め。名前も知らないようなささやかな花でも、土から生えているもののほうがパワーは大です。

好きな花、もしくは「なぜか心惹かれる」花を見つけたら、顔を近くに寄せてみましょう。そしてその香りを、胸のなかの「ハート」に届けるかのように、ゆ

っくりと吸い込みます。

縮こまっていた「ハート」がやわらかくなり、フワリとほぐれて、大きく開いていく――そんなイメージを描きながら、次の言葉を心に念じてみましょう。

「私はこの花と同じように、咲き誇ります」

この言葉は、自分もまた地上に咲く花なのだ、という思いの表れ。女性は皆、花のような美しさやかわいらしさを持っているもの。花と一体化することで、それを思い出すことができます。

肩肘《かたひじ》張らず、自然に、自分らしく。そんな美しさを表現する力が湧《わ》いてくるでしょう。

season 春 SPRING

花

花のエネルギーとつながる方法②
皆に好かれる「桜」のパワーを吸収する

日本人なら誰でも――というより、近年は海外の人も、満開の桜が大好きです。

花見の季節になると皆が華やいだ気持ちになり、老若男女《ろうにゃくなんにょ》を問わずたくさんの人々が桜の木の下に集《つど》います。

そう、桜は美しいだけでなく、「人気」の象徴でもあるのです。

そんな桜のエネルギーと一体化することで、私たちもまた、人を惹きつけることができます。

自然と人が寄ってきて、豊かな友人関係や、習い事での楽しい交流や、仕事での思わぬご縁など、「人間関係運」がアップするのです。

近所の並木道や公園などに「お気に入りの桜」があったら、その下に行って、手で幹に触れてみましょ

う。触れるだけでなく、抱くように腕を回してもかまいません。

ベストな時間帯は早朝です。静かな空気のなかで、木のエネルギーをリアルに感じ取ることができるでしょう。

そして、咲き誇る桜の花を見上げ、こうつぶやきましょう。

「私のなかの、人を惹きつける力を開きます」

このとき、自分という花も一緒に咲いている、というイメージを抱くことが大切。桜のエネルギーが自分のなかに吸い込まれて体内をめぐるとき、眠っていた力が、華やかに開花するでしょう。

season 春 SPRING

鳥

「鳥のように空を飛べたなら」——と願ったことが、
誰にでも一度はあるはず。ゆうゆうと飛ぶ鳥の姿を仰ぎ見ながら、
私たちの心も高く飛翔させましょう。

鳥がくれるパワーとは

* しがらみや思い込みからの解放
* 自分の力で生きていく強さ
* 流れに乗ってチャンスをつかむ力

鳥は、自由と自立の象徴

昔も今も、人は大空を飛ぶ鳥に、憧れを抱いてきました。翼を持つ鳥たちは、地上に縛られない「自由」を私たちに感じさせてくれます。

同時に、鳥は「自立」した生き物でもあります。ヒナの間は親から餌《えさ》をもらわないと生きられませんが、その時期はごく短期。いったん巣立ったあとは、自力で飛び、餌をとって、自らを養わなくてはなりません。鳥は、自分の命に責任を持って生きているのです。

そのエネルギーに同調すると、私たちの内側の力が目覚めます。「私も自力で生きられる」ことを思い出すことができるのです。

ただしそれは、「自分一人で頑張らなくてはいけない」ということではありません。

高い上空を飛んでいる鳥は、バタバタと翼をはためかせることがありません。羽を広げたまま上昇気流に乗って飛ぶさまは、「流れに任せていれば、上へと昇っていける」ことを、私たちに教えてくれます。

渡り鳥がやってくる早春は、そのパワーをもらうチャンス。海辺や山里に、鳥の姿を探しに行ってみませんか？

自由であり、自立した存在であり、自然の流れに乗れば持てる力をどこまでも開花させられる——自分の限りない可能性に、きっと目を開かれるでしょう。

鳥

鳥のエネルギーとつながる方法①

鳥を見て、「制限」を解き放つ

古来、人間は鳥に「自由」のイメージを抱いてきました。重力に縛られずに飛ぶ鳥を見ていると、こちらの心も解放感に満たされます。

一方、鳥はただ気ままに飛んでいるわけではありません。タカやオオワシなどの強い鳥でさえ、日々獲物を得なくてはなりません。地球を一周するほどの距離を飛ぶ渡り鳥も、旅路は命がけ。強い鳥も渡り鳥も、それぞれ自力で、その生を生きているのです。

その姿に、自分を重ね合わせてみましょう。海に近い場所なら、カモメやウミネコが飛んでいます。上空では、トンビがゆうゆうと風に乗るさまがよく見られます。

砂浜などにシートを敷いて寝転がれば、青空が視界一杯に広がり、気持ちがリラックスします。

その状態で、鳥を見ながら、こう唱えましょう。

「私はあらゆる呪縛から解き放たれ、自由に羽ばたきます」

すると、日ごろの生活のなかでいつしか心に根を下ろしていた「制限」がほどけていきます。

周囲の顔色をうかがう気持ちや、「自分には無理」「きっとうまくいかない」といった決めつけを、手放すことができるのです。

私も鳥たちのように自由に羽ばたいていけるのだ、と自然に思えるでしょう。そのとき、心は自由と自立を取り戻すのです。

鳥

鳥のエネルギーとつながる方法②
上昇気流に乗る姿に心を同調させる

家事に、仕事に、日々追われている人は、ともすると「一人で頑張らなくては」という思い込みにとらわれがちです。しかし、独力で頑張ろうとすると、かえってうまくいかないもの。

一人の人生にも、その人をとりまく社会にも、さらに言えば宇宙全体にも「流れ」があります。チャンスやタイミングなど、周囲の状況に自然に乗ることで、より多くの成果を得られるのです。

鳥も同じです。高く飛ぶ鳥ほど、翼をバタバタとはためかせたりはしないもの。グライダーのようにただ広げて、気流に乗っています。

その「流れに乗る力」に、心を同調させてみましょう。都会住まいで鳥を見るチャンスがなければ、部屋を静かにして、鳥の動画を見ると良いでしょう。時に

は、目を閉じて頭のなかに鳥のイメージを描くだけでも十分です。

そのイメージに自らを重ね合わせ、「私は流れに乗ってラクに、簡単に幸せになります」と唱えます。すると、「頑張らなくては」と力《りき》んでいた気持ちがスッと消えます。「今、私はひと休みすべきかもしれない」「周囲の助けを借りてもいいのかもしれない」と気づく余裕が出てきます。

自立はしていても孤立はしていない、自力であっても独力ではない——そんな生き方を、取り戻しましょう。

season　春　SPRING

大地

私たちが立っているこの地面は「母なる大地」の名の通り、
命を育《はぐく》む偉大な存在。その包容力を肌身で感じて、
暖かい癒やしと豊饒《ほうじょう》なエネルギーを吸収しましょう。

大地がくれるパワーとは

- ✲ エネルギーを体に浸透させてくれる
- ✲ 不調を癒やし、心をよみがえらせてくれる
- ✲ 本当の豊かさに気づかせてくれる

豊かに命を育む、養分の母胎

春は大地に積もっていた雪が解け、ちらほらと黒い土を覗《のぞ》かせ始める時季です。

その土を「踏みしめる」機会を、私たちは大人になってから、ほとんど持っていないのではないでしょうか。日常生活で歩くのは、たいていはアスファルトの路上。土の上を歩くにしても、おそらくは靴越しでしょう。

裸足《はだし》で地面に触れると、そのエネルギーは、私たちの体と心に満ち満ちてきます。

なぜなら土には、「養分」が満ちているからです。植物を育て、その植物を食《は》む動物を育て、私たち人間の生命をも支える、まさに母胎のような存在なのです。

そんな大地に直接肌を接すると、地中から湧《わ》き上がる生命力にもじかに触れられます。母なる存在に抱かれるかのように、心の疲れや痛みが消え去り、体内に命の脈動をよみがえらせることができるでしょう。

その命は、「生きている喜び」に通じます。日々の苦労からくる不安や焦《あせ》り、いつしか溜《た》まる不満足感――大地はそうしたものを超え、「命があること」の豊かさを実感させてくれます。

靴を脱ぎ捨て、豊かさの源《みなもと》に触れましょう。そして、限りないパワーを吸収しましょう！

season 春 SPRING

大地

大地のエネルギーとつながる方法①

足の裏からエネルギーを注入しよう

なんとなく体の調子がすぐれないときや、わけもなく心が沈むときは、大地の「癒やし」を吸収しに出かけましょう。

土のある場所なら、どこでもかまいません。近所の公園、河原など、草や花々の隙間に土が覗いている場所は、意外に身近にあるものです。

神社に行くのもおすすめです。神社という場所自体に力があるので、その場所の土から、澄み切ったエネルギーを吸収できます。

遠出ができるなら、ぜひ「山のふもと」に行ってみましょう。雄大な風景を見ながら土に触れると、パワーがさらにみなぎってくるでしょう。

こうして「立ってみたい場所」を決めたら、靴も靴下も脱いで、裸足で土の上に立ちましょう。

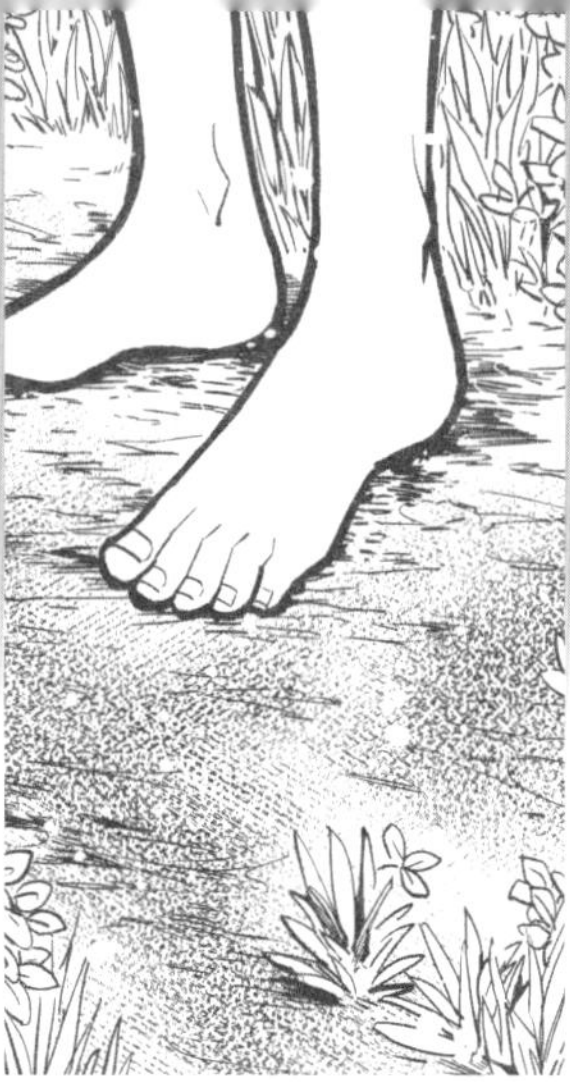

足は肩幅くらいに開き、背筋を伸ばして、しっかりと足裏で感触を確かめながら、大地の奥底から湧いてくる生命力に意識を向けます。

そして、こう唱えましょう。

「私は大地に癒やされ、よみがえります」

そして一分ほど、目を閉じてイメージしましょう。湧き上がる命のエネルギーが、足裏を通して体内に入り、全身を満たしていく——その様子を心に描くのです。

そして、ゆっくり目を開けます。すると体と心に、新しい活力が注ぎ込まれているのをきっと感じ取ることができるでしょう。

大地のエネルギーとつながる方法②
あおむけになり、全身でパワーを吸収！

童心に返って、地面にあおむけに寝転がってみましょう。汚れてもいい軽装で外に出て、野原や河原、公園の芝生の上などに、思い切り大の字になってみると、日ごろ目にしているものとは、まるで違う風景が目に飛び込んでくるはず。つまり、視界のすべてが「空」になるのです。

青空の広がり、ところどころに浮かぶ雲、視界を横切る鳥。その光景は、実は私たちの頭上にいつもあるもの。それを教えてくれているのは、体の背面全体で触れている大地です。

眼前の風景の美しさと、それを感じている自分の命と、その命を育んでくれている大地に感謝しながら、こう声に出しましょう。

「私は、真の豊かさに満たされます」

真の豊かさとは、生きていることそのものです。私たちは「豊かさ」というと、つい経済的・物質的な豊かさだけを思い浮かべてしまうもの。それはともすれば日々の不満足や不安、時には周囲との比較など、ストレスに満ちた心を生み出してしまいます。

手足を開いてあおむけになり、心を一〇〇％解放したとき、そんな心は消え去ります。

この雄大さ・美しさ・暖かさは、本当はいつもそばにあるもの。それを感じとれる命を、自分が持っていること――それをかみしめるうち、喜びと安らぎが、やがて全身を満たすでしょう。

season　春　SPRING

樹木の芽

春の訪れとともに、芽吹きを始める植物たち。
その力強い生気は、
私たちにも「再生のエネルギー」をもたらしてくれます。

樹木の芽がくれるパワーとは

- 心身に生気がよみがえる
- 蓄えた力を発揮させてくれる
- 心機一転の喜びをもたらす

「再生」を促す、生気あふれるパワー

冬の間、絶えず寒気にさらされる木々。ひたすら耐えるその期間は、「養分を蓄積する」時間でもあります。

春が来ると、その蓄積は「芽吹き」に転じます。枝から萌《も》え出《いづ》る若芽は、内部に溜《た》められていた生気が表に出たもの。春は「植物」が芽吹く季節でもありますが、「樹木の芽」のパワーはさらに強いもの。長らく蓄えたものが、樹木全体から放たれているからです。

それは「喜び」のパワーでもあります。沈潜《ちんせん》から表出へ、忍耐から解放へ——。厳しい季節があったからこそ命の喜びが倍加する、「反転」のエネルギーにあふれているのです。

このエネルギーとつながるとき、私たちの内なる力も表へとあふれ出します。本来の自分らしさが自然に流れ出し、生きている実感が呼び起こされるのです。

これまで気づかなかった才能を発見したり、あきらめていたことに再挑戦できたり、といったチャレンジ精神も湧《わ》いてくるでしょう。それは「大きな成功」に限らず、日々行なう家事や、人とのコミュニケーションなど、小さな行動の一つひとつを充実させることにもつながります。

早春の季節、枝々に芽吹く緑を探してみましょう。生まれたてのエネルギーを浴びて、内なる生気を呼び起こしてみませんか？

season 春 SPRING

樹木の芽

樹木の芽のエネルギーとつながる方法①

若芽を見て「再誕生」を意識する

日々生きるなかで、人は辛《つら》いことや、報われないことを多々味わうものです。

しかしそれらは決して、「悪い経験」では終わりません。新しく生まれ変わるための糧《かて》でもあるのです。

樹木は季節ごとに、そのことを私たちに告げてくれます。冬の間に葉を落とし、彩《いろど》りを失う木は、内部でひたすら栄養を溜めています。

そして春になると、凝縮された養分を芽として吹き出します。芽とはすなわち、エネルギーの塊《かたまり》なのです。

木の下に立って、その芽を見つめましょう。

そして目を閉じ、次のようにつぶやきます。

「私は過去のすべてを力に変え、再誕生します」

すると、苦い経験のすべてが力へと変わる「反転」のエネルギーが体に流れ込んできます。

そのとき、「私はこうしたい」というイメージを描いて、大いなる宇宙に伝えましょう。
これは「お願い事」ではなく、「こうしたいと思っている」という決意表明です。人からすり込まれた価値観で生きるのではなく、自分自身が本当に望む生き方をする――そんな決意を伝えるのです。
その決意は、樹木の芽のエネルギーとつながって、これまでの自分から、新しい自分へと生まれ変わらせてくれるでしょう。

樹木の芽

樹木の芽のエネルギーとつながる方法②
樹木に触れ、命の喜びを感じる

樹木の芽は「命を謳歌《おうか》する」エネルギーにも満ちています。何気なく生きている毎日が、喜びに満ちていることを思い出させてくれるのです。

その喜びとは、「自分を表現する」充実感でもあります。誰かの期待に応えるのではなく、自分の望む姿を、自分らしく表現できてこそ、人は生きている実感を得られるのです。

それは劇的な出来事や、大成功だけを指すものではありません。毎日行なう家事も、実は立派な自己表現。むしろ掃除や料理こそ、心の状態がそのまま反映されるものです。行なうとき、充実感に満ちているか否《いな》かで、生活の風景は大きく変わります。

そんな「普通の毎日」を輝かせるには、芽の出た木に触れるのが一番。木の幹を両腕で抱き、樹木全体か

ら放たれるエネルギーを浴びながら、こう念じましょう。

「生活を楽しむことを、自分に許します」

それは、ありのままの自分を表現することを許可する一言です。

すると「こうありたい」姿が明確に見えます。次に行なうべきことがすぐ判断でき、段取りが良くなったり、新しいアイデアが浮かんだり。家事や仕事はもちろん、「どう生きたいか」という大きなテーマもクリアに見えてきます。

小さな「日常」から大きな「将来」まで、可能性が拓《ひら》けていくでしょう。

season 春 SPRING

新緑

若葉がいっせいに芽吹く新緑の季節。
その緑には「生まれ変わり」のパワーがあふれています。
生まれたてのエネルギーと一体化し、若さと元気をチャージしましょう！

新緑がくれるパワーとは

- 「新たな生命力」が湧《わ》き出てくる
- 爽《さわ》やかさ、若々しさがよみがえる
- 鮮やかな緑色が元気をもたらす

「命の息吹」を全身で吸収しよう

いっせいに新芽が吹き出す五月――新緑の季節は、木々にとって「生まれ変わり」のとき。若々しく力強いエネルギーを携えた若葉は、木の生命力そのものです。

私たちもその緑に触れることで、古い自分を脱ぎ捨てて、新しい自分へと生まれ変わることができます。

鮮やかな緑を見て「きれいだな」と思うとき、実は私たちの心身にも、若返りやリフレッシュ効果が起こっています。

人間の脳には、緑色を見ると癒やされたり、元気になったりする作用があるそうです。なかでも新緑の緑は、真夏のうっそうとした濃い緑と違い、若々しいエネルギーに満ちています。

ならば、より意識的にこのエネルギーを吸収しましょう。週末やゴールデンウィークを利用して、山や渓流、森へと出かけてみてはいかがでしょうか。

五月は、一年で一番「気持ちいい」時季でもあります。頬《ほほ》に触れる爽やかな風、明るいけれど強すぎない陽光。その心地よさのなかで、元気あふれる木々と一体化すれば、私たちの体内に清新な生命力が駆け巡るでしょう。

ただしこの爽やかな季節は「すぐ終わる」ことも忘れずに。梅雨《つゆ》を迎える直前の短いチャンスを、ぜひ生かしましょう。

season 春 SPRING

新緑

新緑のエネルギーとつながる方法①

陽の光にかざした緑でリフレッシュ

新緑は、五月の爽やかな陽光にかざされると、とりわけ美しく見えるものです。

明るい日光が差している時間に外に出て、若葉の鮮やかな木の下に立ってみましょう。

近所にあるお気に入りの木でもかまいませんし、少し遠出して緑豊かな場所に行き、心惹《ひ》かれた木を選んでもOK。その幹に触れながら、日の光越しに若葉を見上げましょう。

木漏《こも》れ日を浴びながら見ると、太陽の暖かさとともに、若々しいエネルギーも降り注いでくるかのような感覚を覚えるはず。そのとき、自分の全細胞が浄化されていくようなイメージを、心のなかに描きましょう。

そして、次のようにつぶやきます。

「私の全細胞が、入れ替わります」

淀《よど》んでいた古いエネルギーがどこかに消え去り、明るい緑色に満たされていく。そんな気持ちに全身を浸せば、体のなかに新しい風が吹き始めるのを感じられるでしょう。
するとと、心と体が元気になります。頭のなかがスッキリして、イヤなことも忘れられます。少々の悩みも「なんとかなる」と思えるはず。
木々がくれるパワーは、リフレッシュであると同時に「癒やし」でもあるのです。生命力を吸収した心は若々しさを取り戻し、また元気に歩み始められるでしょう。

新緑

新緑のエネルギーとつながる方法②

木を見ながらゆったりとくつろぐ

目に映る新緑を「きれい」と感じても、私たちはたいてい、その場所をすぐに通り過ぎてしまいます。あるときは散歩中、あるときは買い物の行き帰り。その緑を「見続ける」ことはまずないでしょう。

だからこそ、時には時間をかけて、新緑の風景のなかに身を置きましょう。それにより、エネルギーをよりふんだんにチャージできます。

窓の外、もしくはベランダから見える景色のなかに新緑があるなら、椅子と軽めのテーブルをそこに運び、おいしいお茶をセットして、くつろぎのときを持ちましょう。

ポットにお茶を入れて公園まで出かけるのもおすすめです。緑鮮やかな木が視界に入るベンチに座って、新緑を眺めましょう。

いずれの場合も、大事なのは「心静かに過ごすこと」。家にいるなら家族が出かけたあとが最適の時間帯。公園でも、一人でゆったりした気分になれるような場所に座りましょう。
お茶を味わいながら見る若葉の色はまた格別です。くつろぎのなかで、日々の生活のせわしなさも消えていきます。
そうして三十分ほどくつろげば、心身の活力が徐々によみがえってくるのを感じるでしょう。この時間は、そのあとに続く一日を、元気に過ごすための力をもたらしてくれるひとときなのです。

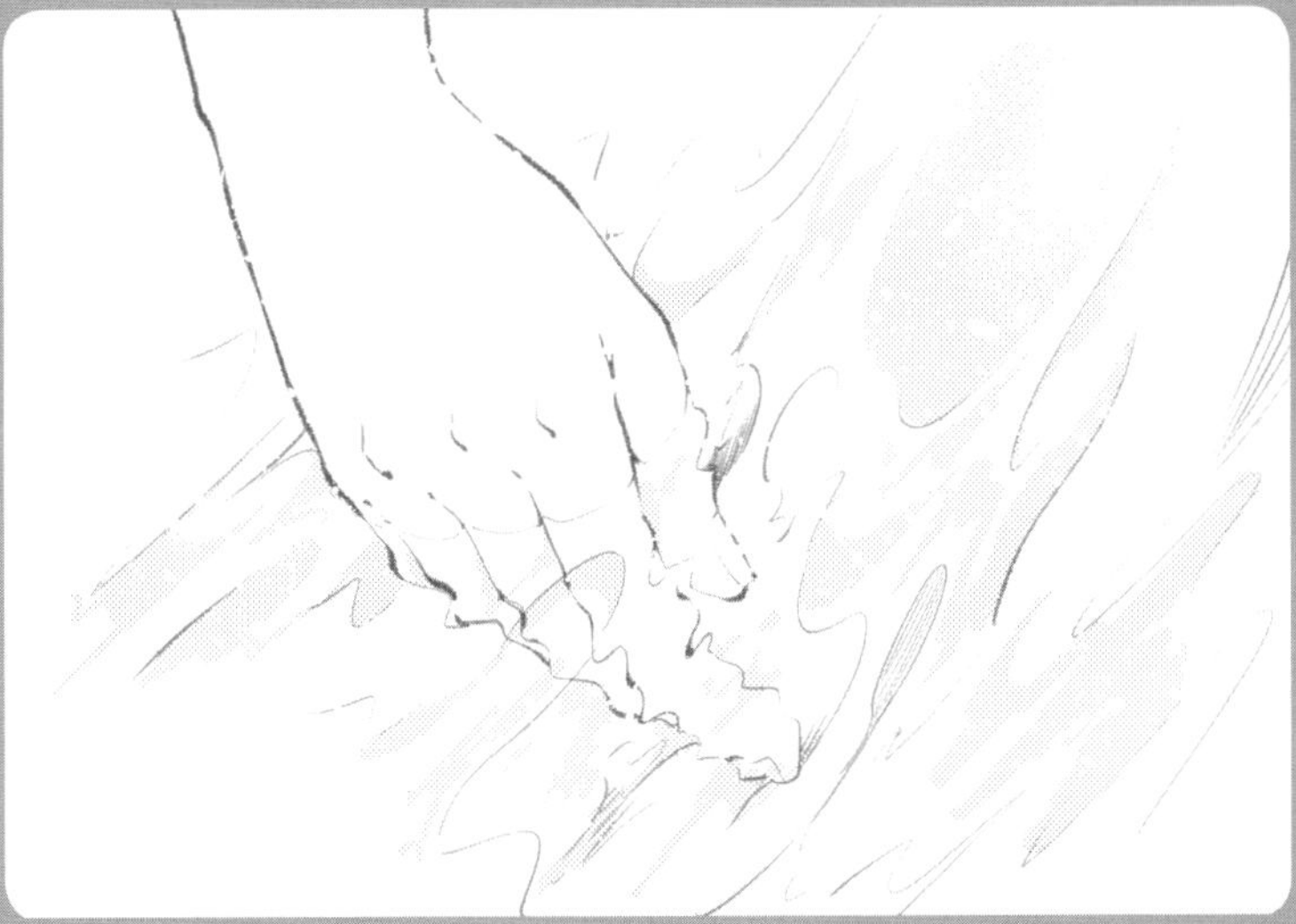

season 春 SPRING

渓流

水ぬるむ春、山や森に出かけて、清らかな渓流に触れてみましょう。
音を立てて流れる水の純粋さと活力が、
心身の淀《よど》みを洗い流してくれます。

渓流がくれるパワーとは

- 心に潤いをくれる
- 淀んだ思いを洗い流す
- 変化を受け容《い》れる力がつく

淀みを流し、変化するエネルギー

春になると、山頂からは雪解け水が流れ出し、氷が張っていた水源地からも、清らかな流れが再び湧《わ》き出します。

緑深い場所にある、清らかな渓流のエネルギーに触れるとき、私たちの心にも、不思議と活力がよみがえってきます。

それは、渓流が「流れるもの」だからです。

サラサラと走る清らかな水は、その場にとどまることがありません。毎瞬毎秒、新しい場所へと流れゆき、かつてその水があった場所には、絶えず新たな水が流れてきます。

絶え間なく動き続けるエネルギーは、私たちのなかにある淀んだ悩みや、倦怠《けんたい》感や、モヤモヤした正体のわからない疲労感を洗い流してくれます。

一瞬たりとも途切れないせせらぎの音、一秒一秒、指の間を通り過ぎていく透明な水。それに触れているだけで、心は潤いを取り戻し、癒やされていくのです。

そしてもう一つの、もっとも大事なパワーは、「変化する力」です。

私たちはつい、変化に対してためらいを覚え、「昨日と同じ自分」を保とうとするもの。しかし水の流れは、私たちの内部にある「変わる力」をも呼び覚ましてくれるのです。

命が芽生え、活動を始める季節。古い自分を脱ぎ捨てて、清新な心で歩み出してみませんか？

渓流

渓流のエネルギーとつながる方法①
流れる水に、心を重ねる

人間は、変化を恐れる生き物です。居心地がよくない環境にいても、「未知の場所に行くよりはこのままのほうが安全……」と、つい考えがちです。

しかし実は、それはとても「不自然」なことです。自然界のなかで、変化しないものは一つもありません。ゆるぎなく見える大地でさえ、地球の自転と公転によって、絶えず高速で動いています。動くことを恐れるのは、人間だけなのです。

その恐れを、渓流はリセットしてくれます。清らかな流れに意識を同調させると、不自然に停滞していた気持ちに、活力が注ぎ込まれるのです。

渓流の流れる場所に出かけるか、もしくは動画で、流れのさまを見てみましょう。

そして、一瞬たりとも止まらない流れを見つめなが

ら、「私は変化を受け容れ、さらに飛躍します」と唱えましょう。
すると、恐れやためらいが静かに流れ去っていきます。こわばりがほぐれて、「私は大丈夫」という気持ちが徐々に湧いてきます。激しさのない、サラサラとやさしく流れる水が、「変わることは怖いことではない」という安心感をもたらしてくれるのです。
新たな挑戦をしたいときや、環境の変化に戸惑っているとき、渓流の穏やかなエネルギーはきっと心を潤し、元気づけてくれるでしょう。

渓流

渓流のエネルギーとつながる方法②
水に触れ、心身を浄化する

日々の雑事に追われていると、ささいなことがストレスとなることがあります。

気にする必要のないことが気になる、余計な心配ばかりしてしまう——小さな雑念でも、放っておくといつしか増え、心を停滞させます。

すると集中力が鈍り、できるはずのことを失敗したり、次に何をすべきかわからなくなったり。雑念が心を淀ませ、詰まらせてしまうのです。

そんな詰まりを、渓流に洗い流してもらいましょう。渓流の水は、絶えず流れ続けることで清らかさを保ちます。その流れに触れると、心にも清澄《せいちょう》さが戻ってきます。

週末や休日に渓流のある場所へと出かけ、手や足をひたして、感触を味わいましょう。水の冷たさや、肌

で流れの速さを感じながら、次のように念じます。

「私の余計な雑念が洗い流され、クリアになります」

すると心の曇りが晴れ、自分や周囲がハッキリと見えるようになります、後悔や不安を抱えている場合も、「大きく捉えすぎていた！」と気づくでしょう。

それは頭がスッキリするだけでなく、雑念に振り回されて疲れた心が癒やされる瞬間でもあります。

美しい風景のなかで健《すこ》やかさを取り戻し、また新たに歩み出しましょう。

season 春 SPRING

嵐

季節の変わり目に吹き荒れる嵐。それは「恐ろしい」だけの
存在ではありません。心の停滞感を吹き飛ばし、
新たな生命力をもたらすエネルギーでもあるのです。

嵐がくれるパワーとは

- 停滞した気持ちを吹き飛ばしてくれる
- 心の混乱や重苦しさをリセットできる
- 新しい自分へとリニューアルできる

心のゴミを吹き飛ばし、再生させよう

暴風・大雨・洪水は、私たちにとって「怖いもの」。時には災害となって、生活に深刻なダメージをもたらします。

しかし、ただ「怖いだけ」のものではありません。嵐は、家屋や街並みに損害を与える恐ろしい面を持つ一方、去ったあとには澄み切った空気が満ち、抜けるような青空が広がります。

これと同じことが、人の心にも起こります。嵐の到来によって、平穏な生活は非日常のパワーに吹き飛ばされるでしょう。そのとき「心に吹き荒れる嵐」は、迷いや停滞感を消し去るきっかけにもなるのです。

このように、嵐は「滞留物をリリースする力」に満ちています。加えて、生命力をよみがえらせる作用をも持っています。

古来、嵐や洪水のあとは土地が肥沃《ひよく》になり、農作物がふんだんに実りました。命の営みをより豊かに立て直す、「再生の力」も嵐にはあるのです。

その力とつながるには、嵐に吹かれるのが一番。あまりに激しい暴風雨は危険ですから、吹き始めのタイミングを選んで、強風に身をさらしてみましょう。

風に乗せて、自分のなかの執着や思い込みや決めつけなどの、「心のゴミ」を取り払ってみませんか？　そのあとにはきっと、あなた自身も知らなかった、新しいあなたに出会えるはずです。

season 春 SPRING

嵐

嵐のエネルギーとつながる方法①

近づく嵐に身をさらしてみよう

嵐が近づくころ――まだピークではないものの強い雨が地面を叩《たた》き、風のうなりが強くなってきたころ、思い切って屋外に出てみましょう。

レインコートか、もしくは濡れてもよい服装をして、あえて傘を持たずに出ます。激しい風雨を、体全体で感じることが大切なのです。

道路に出る必要はありません。庭やベランダなど、すぐに家に入れる場所に立ち、雨雲の広がる空を見上げましょう。

すると、強い雨が真上から頬《ほほ》を叩《たた》くでしょう。前から横から、激しい風が全身に吹きつけてくるでしょう。

その雨風を感じながら、両手両足を大きく広げます。そして「私を縛っているものから、解き放ってください！」と声に出しましょう。

すると、自分のなかで決めつけていた「こうでなくてはいけない」というルールが吹き飛ばされます。小さなこだわりや迷いも、遠くに消え去ります。

その代わりに吹き込まれてくるのは、嵐の持つ巨大なエネルギー。激しい力が体内をめぐり、日ごろ忘れていた、もしくは気づかなかった自分本来のエネルギーも呼び覚まされます。

非日常的な体験のなかで、停滞感が吹き飛ぶ感覚は格別です。不必要なことにとらわれていた古い自分の殻《から》を捨て、活力あふれる新しい自分にスイッチしましょう。

嵐のエネルギーとつながる方法②

家のなかで風のうなりを感じよう

嵐のパワーを受けてリセットしたあとは、「再生」の時間です。

家に入ってシャワーを浴び、お茶やココアなどの温かい飲み物を用意します。そしてソファや椅子に座り、体を温めながら、ゆったりとリラックスします。

このとき、締め切った家の外では、いよいよ本格化してきた嵐が猛威を振るっているはず。窓を叩く雨音や、風のうなりに耳を澄ませながら、先ほど浴びた風雨の「自然のエネルギー」を脳裏によみがえらせましょう。

そして、目を閉じてこう唱えます。

「私のなかにある、無限の生命力を目覚めさせてください」

リセットされた心身には、自然の強大なエネルギー

がチャージされています。リラックスした状態に身を置いて目を閉じると、その実感がリアルに湧《わ》いてくるでしょう。古い細胞が、生まれたてのみずみずしい細胞へと入れ替わるような感覚を得られるはずです。
その新しい自分は、実はもともと自分のなかにあったもの。激しく吹き荒れるエネルギーに身をゆだねたことで、本来の生命力が呼び覚まされたのです。外の暴風雨を感じながら「私も同じエネルギーを持っている！」という気持ちをかみしめましょう。

2 season

season 夏 SUMMER

雨

ともすれば「イヤな天気」と言われがちな雨。
しかし実は、癒やしをもたらしてくれる存在でもあります。
シトシトと降り注ぐ雨に、悩みや痛みを洗い流してもらいましょう。

雨がくれるパワーとは

- 生き物を育てる豊かさ
- 心の痛みを癒やすやさしさ
- 気分を安らかにする鎮静作用

心の疲れを洗い流す「恵みの雨」

「雨」といえば、悪天候の代名詞。雨の日のあいさつは「あいにくのお天気で……」などと、とかくマイナスイメージで語られがちです。

しかし一方で、「恵みの雨」という言葉もあります。雨が降るからこそ植物は豊かに生い茂り、動物も喉《のど》を潤すことができます。

私たちが「憂鬱《ゆううつ》な季節」と感じてしまう梅雨《つゆ》も、実は大いなる恵み。この時季にふんだんに雨が降るからこそ、日本は水の豊かな国でいられるのです。

つまり雨は、命を育《はぐく》む力。そのエネルギーは、私たちに「癒やし」をも与えます。

梅雨の雨は、シトシトとやわらかく降ります。私たちを慰めるかのように、悲しみや悩みを洗い流してくれます。

窓をつたう水滴、傘を鳴らす静かな雨音。そのやさしさに身をゆだねると、傷ついた心が癒やされ、平穏さを取り戻していきます。

ただし、このやさしい降り方は六月ならではのもの。七月、八月と季節が進むにつれ雨は激しくなり、九月ごろには暴風雨になっていきます。

ですから、心を癒やしてもらうなら梅雨の雨が最適なのです。

夏本番の、激しいエネルギーに向かう前に、いったん立ち止まってみましょう。暑熱が訪れる前の、限られたこの時季のやわらかな雨で、疲れた心を潤してみませんか？

雨

雨のエネルギーとつながる方法①

雨に打たれて、傷ついた心を癒やす

雨には、心の痛みを洗い流す力があります。降り注ぐ雨は、傷ついた心に寄り添うかのような、ともに泣いてくれているかのような――不思議なやさしさに満ちています。

悲しいことや辛《つら》いこと、どうにもならない悩み事を抱えたときは、雨のなかを歩いてみましょう。

時にはあえて傘を差さずに歩くのも良いでしょう。体に直接降り注ぐ水滴の癒やしを感じるはずです。

「風邪を引くかも？」と心配なら、フード付きのレインコートを着るか、レインコート＋帽子でもＯＫ。

長靴も履けばさらにベターです。子供のころ、濡れるのも気にせず水たまりに足を踏み入れたころの、無邪気な気持ちを思い出せそうです。

あるいは旅先で、雨模様の森のなかを歩くのもおす

すめです。枝からしたたる滴《しずく》は、木のエネルギーも吸い取っているので癒やし効果がさらに高くなっています。

こうして雨に打たれながら、次のように心に念じてみましょう。

「この雨で、痛みがすべて洗い流されます」

すると本当に痛みが消えて、前に進むエネルギーが、静かによみがえってきます。

なお、帰ったあとは熱いシャワーを浴びて、冷えた体を温めるのも忘れずに。

season 夏 SUMMER

雨

雨のエネルギーとつながる方法②

雨音の響きで心を沈静化する

心を浄化する水のしたたりは、和《やわ》らぎに満ちた「雨音」を生み出します。

この音もまた、やさしさに満ちたもの。地面に降り注ぐ「サーッ」という音、軒《のき》を叩く「ポツ、ポツ」という音。そこには、人が作り出す音楽とも、機械の操作音とも違うリズムがあります。

この不規則なリズムは「1/f（f分の1）ゆらぎ」と呼ばれるもので、心を沈静化する作用があるのだそう。日々の雑事に追われてせわしなく過ごしている私たちに、ひとときの安らぎを与えてくれる音なのです。

梅雨時の、弱い光の差し込む部屋のなかで、一人静かに雨音に耳を澄ませてみましょう。

椅子やソファに体を預けて、五～十分間聴くだけ。言葉を念じる必要はありません。ただ音にのみ集中し

ましょう。

すると、頭に渦巻く思考がいつしか止まります。雑念が消え、平静が戻ってきます。

十分後にはきっと、心が穏やかに癒やされていることでしょう。

準備として「情報遮断」をするとさらに効果が高まります。その日は朝からスマホは見ず、テレビもつけないか、もしくは音量を小さくすると良いでしょう。

ちなみにこの方法は、夜の安眠にも効果大です。ベッドのなかで雨音に耳を澄ませていると、知らず知らずのうちに、安らかな眠りへと誘われます。

season 夏 SUMMER

アジサイ

梅雨《つゆ》はジメジメとイヤな季節……と、決めつける必要はありません。
雨のなかで美しく映《は》えるアジサイの鮮やかな色に、
心を寄り添わせてみましょう。

アジサイがくれるパワーとは

- 憂鬱《ゆううつ》な気分を癒やす
- 穏やかさを取り戻させる
- 美しさや潤いを持続させる

雨の季節の、心の癒やし

「梅雨どき」という言葉には、何かとマイナスイメージが伴います。こんな憂鬱な季節は早く過ぎてほしい、と思う方も多いでしょう。

しかしそんな時季でも――というより、その時季だからこそ映える花、それがアジサイです。

水の滴《しずく》を葉やガクに乗せた、可憐《かれん》な花。その色は雨のなかでこそ鮮やかさを増し、見る人の心を潤わせます。丸く集まったかわいらしい形も、安らぎをもたらしてくれます。

アジサイという植物には、実際に「鎮静化」の薬効があるそう。そのまま体内に入れると毒になりますが、その花をよく炒《い》ってから煎《せん》じると、解熱作用のある薬になるのです。

たとえそのことを知らなくとも、アジサイを見ると癒やされますよね。それは、この植物が持つやさしいエネルギーを受け取っているからです。

そしてアジサイにはもう一つ、隠れたエネルギーがあります。花の盛りがほかの花々よりも長く、一カ月以上にわたって咲き続けるのです。雨のなかで映《は》える美は、辛抱強く持続する強さをも内包しているのです。

そのエネルギーを受け取りに、雨のなか、傘を差して出かけましょう。「名所」と言われる寺院に出かけるもよし、散歩道に咲く一枝の前に立ち止まるもよし。それは雨の季節を楽しむ豊かなひとときとなるでしょう。

season 夏 SUMMER

アジサイ

アジサイのエネルギーとつながる方法①

青い花を見つめて潤いをチャージ

いつ終わるとも知れず、降り続く雨。部屋のなかは昼間でも薄暗く、湿気がこもり、気持ちまでが沈みがち……。

そんな梅雨どきの憂鬱に呑《の》み込まれそうになったら、「この季節だからこそ美しいもの」に触れましょう。

アジサイの花の風情は、晴天の下では今ひとつ味わいづらいものです。雨の滴を添えてはじめて、映える花なのです。一般的には「悪い天気」とされる雨が、むしろ演出になる——悪いコンディションを逆手に取るかのような不思議なパワーが、この花には宿っています。

お寺や神社や、住宅の庭先に咲くアジサイを見て、そのパワーをチャージしましょう。

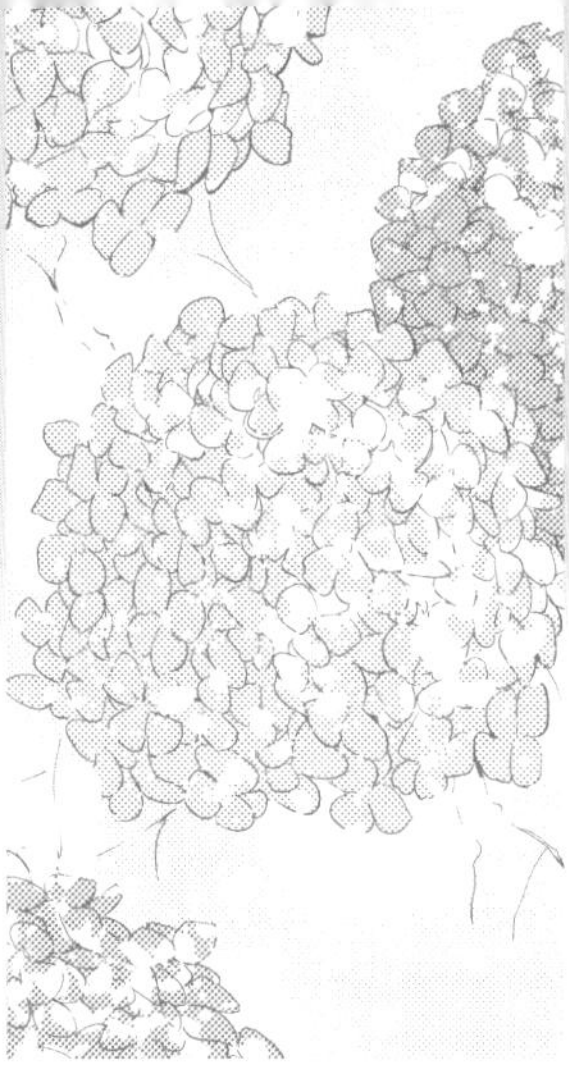

アジサイには様々な色がありますが、雨に映える色と言えば、やはり青や青紫。

心を鎮静化させる青色や、雨のなかで鮮やかに発色する葉の緑色を見つめながら、こう念じましょう。

「私のすべてが潤い、よみがえります」

アジサイのエネルギーを受け取ったとき、雨は「潤い」となって、生気をよみがえらせます。どんな時季・どんな状況でも、そのなかに安らぎや楽しさを見《み》出《いだ》す力が湧《わ》いてきます。

穏やかに癒やされ、明るい気持ちでこの季節を過ごしていけるでしょう。

season 夏 SUMMER

アジサイ

アジサイのエネルギーとつながる方法②
ピンクの花から、美の持続力を得る

雨の季節に彩《いろど》りを添えるアジサイは、開花期間の長い花でもあります。梅雨の長さをも超え、一カ月以上も咲き続けるのです。

雨のなかで色とりどりに咲き、道行く人々の目を楽しませるアジサイ。その美は、辛抱強く、やさしく、そして強いのです。

美しさというものは、とかく「盛りの短いもの」というイメージを伴います。花のみならず、女性も同じ。若さとともに美しさもすぐに去ってしまう、と恐れる人も少なくありません。

しかし、アジサイの「持続する美しさ」に意識を合わせると、そのような恐れは去っていきます。

年齢を重ねた人も、その年ならではの美しさが花開き、魅力があふれ出ること、すべての女性にはその力

が備わっていることを、アジサイは思い出させてくれるのです。

それには、華やかなピンクのアジサイを見つめるのが一番です。

花に頬《ほほ》を寄せ、華やかなピンク色が心に吸い込まれていくイメージを描きながら、こう唱えてみましょう。

「私は、長く美しく咲き続けます」

そのエネルギーに満たされたとき、私たちの内なる花も、たやすく移ろうことのない、強い美しさを備えるでしょう。

season 夏 SUMMER

滝

激しく、まっすぐに落下する滝。
膨大な水流の轟《とどろ》きに意識を集中させたとき——
迷いやためらいが断ち切られ、澄み切った心を取り戻せます。

滝がくれるパワーとは

- 心の停滞感を押し流せる
- 「決断する」力が湧《わ》いてくる
- 邪念が取り払われ、心身が浄化される

激しい水流が、淀みを断ち切る

崖《がけ》の上から、膨大な量の水が落下する滝。その水流には、やさしい川の流れとも、海の雄大さとも違う激しさが満ちています。

鳴り響く轟音《ごうおん》、直線的な水柱、周囲一帯を満たす微細な水しぶきに意識を合わせると、心に滞留する「迷い」を断ち切れます。

人は人生の様々な局面で、何かを「決める」必要に迫られるもの。そんなときはえてして、迷いにもとらわれがちです。

「失敗するかもしれない」「誰かにこう思われたらどうしよう」などと考えては、進むでもなく、あきらめるでもなく、中途半端な思いを抱えてしまう人も少なくないはず。そんなときこそ、力強い滝のエネルギーとつながりましょう。

「理由はないけれど、スッキリしない」「物事を悪いふうにばかり考える」といったときも、滝は淀《よど》みを流し去ってくれます。

古来、山伏《やまぶし》などの修験者は「滝行《たきぎょう》」を通して身を清めてきました。激しく落下する水に打たれて、邪気や邪念を落としてきました。

水流を見るだけでも、モヤモヤを取り払うことはできます。ただし、チョロチョロとやさしく流れる滝でなく、落差の大きい「力強い滝」のほうが、邪念を断ち切るパワーは強いです。

初夏の陽気をひととき離れ、緑深い山奥の滝で、澄み切った心を取り戻しましょう。

滝

滝のエネルギーとつながる方法①

滝の姿と音を感じ、ためらいを断つ

挑戦してみたいことや、叶《かな》えたい夢があるとき、実際に足を踏み出すことにためらいを覚える人は少なくないでしょう。

「忙しくて時間に余裕がない」「今の生活に支障がありそう」「失敗したらみっともない」「周囲から笑われるかも」……と、踏みとどまる理由ばかり次々に湧いてきて、「また今度考えよう」と先送り……。

それは目先のことに心奪われて、本来のあなたらしい生き方を見失っている状態です。

そんな迷いを断ち切ってくれるのが、激しく落ちる滝。おびただしい量の水と、轟く音の勢いを肌身で感じてみましょう。

滝のそばまで行く時間がないなら、動画でもOK。ただしできるだけ大きい画面で、昼間の明るい光のな

かで見ること。音量を上げ、轟音も感じ取れるようにしましょう。

そうして滝の流れと音に意識を集中させながら、次のように唱えます。

「私は帰る橋を焼き、やりたいことに飛び込みます」

すると、力強い滝のエネルギーに意識が同調し、迷いがスッキリと晴れていきます。

心から望むこと、リスクを負ってでも叶えたいこと――そこに焦点が定まったとき、本来のあなたを取り戻せるでしょう。

滝のエネルギーとつながる方法②

滝の近くに行き、心を浄化する

「わけもなく憂鬱《ゆううつ》」「なぜかツイていない」「イヤなことばかり考えてしまう」……そんなモヤモヤにとらわれることはありませんか？

人の心は、「マイナスの種」があると、さらに多くのマイナスを引き寄せる傾向があります。きっかけも思い出せないような小さなストレスが、不思議と周囲にある負のエネルギーまで吸い寄せて、「人からイヤなことを言われる」「普段はしないような失敗をする」などのアンラッキーが続き、ますます憂鬱になるという悪循環におちいるのです。

滝は、そうした負のスパイラルを断ち切るパワーも持っています。イヤな気持ちを増幅させている邪念や邪気を、澄み切った奔流《ほんりゅう》で押し流しましょう。

修行僧が行なう「禊《みそぎ》」や「滝行」の目的も、これと

同じ。ですから実際に滝に打たれるのが理想ですが、滝の近くに行くだけでも十分です。しぶきが顔にかかる距離まで近づき、轟きを感じながら、邪気が祓《はら》われるイメージを描くと――、本当に、心の重しが取れていきます。

なお、滝を訪れるのは「明るい時間」にしましょう。夕暮れになれば水流に淀みが入り込み、心のなかにあるマイナスの種と響き合ってしまいます。清新な空気が流れる朝や、陽光が水しぶきを照らす昼間が適したタイミング。水のエネルギーが、心を明るい方向へ転換させてくれます。

season 夏 SUMMER

海

青く広がる大海原は、生命のふるさと。人間を含めた
あらゆる生命を育《はぐく》み、すべてを受け容《い》れる母のような存在です。
その限りない包容力に、身をゆだねてみませんか？

海がくれるパワーとは

- 無邪気さや「夢中」な気持ちを取り戻せる
- 「自分のイヤな部分」を許せる
- 悩み事に煩《わずら》わされない心が整う

命を養い、受け容れる「母なる海」

海は、地球上ではじめて生命が誕生した場所。生物たちは豊かに発展を遂げ、その末に私たち人間も生まれました。

つまり海は、すべての生命の母胎のような存在です。海のなかでは今もなお無数の命が育まれ、陸の上にも恵みの雨が降り注ぎ、新たな命が生み出されています。

そんな「母なる海」のエネルギーとは、限りない包容力。果てしなく大きな器で、良いものも悪いものも、美しいものも醜《みにく》いものもすべて飲み込む力を持っています。廃棄物や重油で汚され、多くの生命が失われても、海は時間をかけて元の姿に立ち戻り、また新たな命を育みます。

その驚異的な浄化力・包容力は、海を前にした人の心をも大きく包み込みます。

どんな人に対しても、良い・悪いといった評価など下さず、どこまでも受容する――そんなエネルギーに浸されたとき、心は解放感を覚えます。悩みが吹き飛び、晴れ晴れとした気持ちになり、「ありのままの自分」を受け容れられるのです。

幼いころのような無邪気さやほがらかさ、何かに熱中するひたむきさを思い出すこともあるでしょう。それも、母なる海のエネルギーを受け取っている印。海のエネルギーに身をゆだねたとき、人間は生まれたままのまっさらな心を取り戻すことができるのです。

season 夏 SUMMER

海

海のエネルギーとつながる方法①

子供に返って、波と戯れよう

波打ち際《ぎわ》を歩いていると、「海の水に触れてみたい！」という気分になりませんか？

それは海から生まれた私たちにとって、ごく自然な欲求です。水の冷たさを感じたい、できればそのなかに入ってみたい――そんな気持ちになるのは、日ごろ忘れかけている「童心」が、表に出てきた印なのです。

そんなときは思い切って靴も靴下も脱ぎ捨て、波と戯《たわむ》れてみましょう。

波を追いかけ、足の裏に湿った砂を感じ、再び寄せてきた波に洗われる足の感覚を味わい――大人になってから忘れてしまっていた、無心にはしゃいだ子供のころの気分がよみがえってきます。

海水浴の季節ならば水着で海に入って泳ぐのもいいですし、岩場や桟橋《さんばし》の端に座って、打ち寄せる波に足

を浸すのもいいでしょう。海水に肌が触れる、その瞬間を楽しみましょう。

海のエネルギーを受け止めるために何かを念じたり、祈ったりする必要はありません。ただ楽しむだけで、子供に返った心にエネルギーが流れ込み、元気と活力がチャージされます。

何かに夢中になるときの気分も思い出せるはず。これもまた、大人になると忘れがちな感覚です。海からそんなエネルギーを受け取れば、日常に戻ったあとも、きっと生き生きと日々を過ごせるでしょう。

海

海のエネルギーとつながる方法②
見晴らしの良い場所で大海を見よう

海のエネルギーは、限りない受容力。広々とした海を見るとき、私たちの心もそのエネルギーに同調します。すると私たち自身のなかにも、「ありのままの自分」を受け容れ、大切にする気持ちが生まれてきます。

このエネルギーとつながりたいときは、海水に触れられるほどすぐそばに行く必要はありません。海の見える高台や視界の開けた場所から、広々とした海を見下ろしてみましょう。

真っ青な海面、さざめく白い波頭、はるかかなたの水平線――それらすべてを視界におさめながら、「私のすべてを受け容れます」と唱えましょう。

そのまましばらく海を眺めてくつろいでいると、心に抱えた悩みがだんだん「どうでもいいこと」のように思えてきます。日ごろ感じている自分のなかのイヤ

な部分や、認めたくない欠点や、劣等感なども、どうでもよくなり、「このままの私でいい」という気持ちが自然に湧《わ》き上がってくるのです。

「こんな自分はイヤだ」と思っていると、心はますます縮こまり、縛られてしまうもの。逆に、今の自分を「これでいい」と思ったときこそ、心にエンジンがかかります。自分を受け容れる心とともに活力が目覚め、本来の素晴らしい自分へと、歩み出すことができるのです。

season　夏　SUMMER

雲

真っ青な空に浮かぶ雲をじっと見つめていると
形が刻一刻と変わっていくことに気づくはず。
その変幻自在な姿は、心の奥の「創造性」を呼び覚まします。

雲がくれるパワーとは

* 創造のパワーが湧《わ》いてくる
* 子供のころの気持ちを思い出させる
* 自分は自由だと気づかせてくれる

絶えず変化する、自然界のアート

青空に浮かぶ真夏の白い雲をじっと見つめてみましょう。すると、きっと気づくはず。ポカリと浮かんでいるだけに見えた雲は、実は刻一刻と、形を変えているのです。

上空の風に吹かれてどんどん流れていくときもあれば、よく見ないと気づかないほど、少しずつ変化していくこともあります。しかしいずれの場合も、同じ姿のままひとところにとどまることは、一瞬たりともないのです。

変化していく形は、ふとした拍子に動物に見えたり、丸形やハート形に見えたり。合間に覗《のぞ》く青空の形もまた、それに合わせて姿を変えます。

何かに似ているようでもあれば、何にも似ていないようでもあり、つかみどころがないようでいて、青と白のコントラストはどこまでもくっきり。触れることはできないのに、見た目は厚く力強く、まるで質感まで感じ取れるよう……。

それはまさに、自然が見せてくれる芸術。

その変幻自在な姿に意識を合わせたとき、私たちのなかにある、クリエイティブな力が目覚めます。アイデアが湧いてきたり、無心に何かを作ってみたくなったり。

決まり事にとらわれない形は、「自由さ」をも思い出させます。自分もまた、一つの形にとらわれず、自在に思うままに生きる——雲のエネルギーに同調し、心を解放してみませんか?

season 夏 SUMMER

雲

雲のエネルギーとつながる方法①

雲の変化を楽しみ、童心に返る

雲が「絶えず形を変えるもの」であることを、あなたはすでに知っているはず。なぜなら子供のころ、そのさまを無心に見つめたことが、きっと一度はあったに違いないからです。

大人になると、そんな時間があったことさえ忘れてしまうものですね。ならば再び、流れていく雲の変化を見てみましょう。

公園でも、庭でもベランダでも、雲はすぐに見られます。夏空に浮かぶ真っ白い塊《かたまり》を、ただ見るだけでいいのです。

象に見える、猫に見える――と何かにたとえるもよし、どんな形に変わっていくかを予測するもよし、何も考えずにボーッと眺めるもよし。自由気ままな雲を見ていると、幼いころの無心な気持ちや、遊び心を思

い出せます。

こうして心を解放しながら、次のように念じてみましょう。

「私は、無限の創造力とつながります」

日常生活のなかで後回しになっていた、クリエイティブなエネルギーが、この一言とともに目覚めます。雲の形一つでどこまでも遊べた昔のように、毎日を楽しんだり、何かに夢中になったりするエネルギーが湧き立ってくるのです。

創作意欲が湧いたり、素敵なアイデアが浮かんだり。あなたのなかに眠っていたアーティスティックな一面がきっと目覚めるでしょう。

雲のエネルギーとつながる方法②

変幻自在な姿に自分を重ねる

上空で、絶え間なく形を変える雲。そこには何の決まり事もありません。型にはまらず、枠にとらわれず、ひたすら自由気ままに……。

実は、私たちの人生も同じです。大人になるとつい、「私なんてこんなもの」「面白いことなんて起こらない」などと思いがちですが、それは私たちが勝手にはめている枠に過ぎません。

何にでもなれる、いくらでも変われる、私にはその力がある——。そのことに気づきましょう。

それには、変幻自在な雲の姿を、視界一杯に捉えるのが一番です。

公園などの広い場所で、シートを敷いて寝転がってみましょう。あるいは、ベランダやビルの屋上などから空を見るのも良いでしょう。いつもと違う見方をす

るだけでも、心は「自由」へと向かいます。

こうして空を見上げ、雲の変化に意識を合わせながら、こんなふうに自分に言ってみましょう。

「私は、私の望むどんなものにでもなれる力があります」

そのとき、自分の内部にも、絶えず動いているエネルギーがあることに気づくはず。雲の変化と、その胎動とを重ね合わせ、変わっていく自分を想像しましょう。

さあ、あなたはどんなあなたになりたいでしょうか。その答えはあなた自身が持っています。

season 夏 SUMMER

山

山、海、大空――大自然は私たちの心を癒やし、
無限の活力を与えてくれる存在です。
その豊かな力とつながって、「本当の私」を取り戻しましょう。

山がくれるパワーとは

- 高みからもらえる「自分を大事にする心」
- 清浄な空気から吸収できる「澄み切った心」
- 不動の安定感がもたらす「ブレない心」

山の雄大な力を、心に満たしてみよう

大自然のなかに身を置くと、人は大きな感動を覚えます。それは、自然が「ありのまま」の姿でそこにあるからです。海は「こんな色になろう」とは思いませんし、木々も「花になりたい」とは思いません。自然はただそこに存在し、それだけで完璧に美しいのです。

その姿は、人間に「私もありのままでいい」と思い出させてくれます。自分もこの自然と同じく、存在するだけで素晴らしいのだと感じ取れたとき、日常の悩みは洗い流されていきます。

「山」も、いくつもの素晴らしいパワーを私たちにもたらしてくれる存在です。

まず、その「高さ」が感じさせてくれる天との近さ。古来、土地ごとの一番高い山は神域とされてきました。高い山には、そうした崇高《すうこう》なエネルギーがあります。

山には「豊かさ」もあります。木々や動物や虫など、あらゆる生命を育《はぐく》むゆりかごであり、そこには清浄な空気が満ち満ちています。

そして「安定感」もあります。広いすそ野の力強さ、目を上げればいつもそこにある不変性。遠くから見るだけでも、心が安らぎます。

山の高みに目を向け、時にはそこに身を置いて、本来の自分を取り戻しましょう。

season 夏 SUMMER

山

山のエネルギーとつながる方法

頂上に登ってパワーを吸収する

山の持つパワーとつながるには、その場所に足を運ぶのが一番です。

地域で尊ばれてきた山なら、ふもとに神社があることも多いはず。登る前にお参りして、その場の神聖なパワーを浴びましょう。登るときは、ロープウェイやケーブルカーなど、無理のない方法で。高い山が無理なら、近所の緑深い小高い丘に登るのも良い方法です。

体力に自信があれば、高い山でも徒歩でトライ。頂上までの道をたどりながら、木々の匂いや澄み切った空気を感じましょう。

そして、天に一番高い場所——頂上に着いたら、まずは目の前に広がる景色をぐるりと見渡します。

次に、両手を大きく上に広げて真上を見上げ、こう唱えてみましょう。

「山よ、私の周波数を最高最善の周波数に整えてください」
何度も念じながら、山のエネルギーが頭の上から入ってくるイメージを描いてみてください。
すると、この気高く雄大な山と同じく、自分もまた素晴らしい存在なのだ、と感じることができます。
心がモヤモヤしたとき、気持ちが定まらないときにぜひ実践を。迷いが洗い流されて、心のなかが澄み切っていくのをきっと実感できます。

season 夏 SUMMER

虫の声

命の限り鳴き続けるセミの合唱、清らかに澄んだ鈴虫の歌。
夏の虫と秋の虫、それぞれの声には、
私たちの心を目覚めさせるパワーが宿っています。

虫の声がくれるパワーとは

- 完全燃焼の生き方を思い出させる
- 「今、ここ」に意識を取り戻させる
- 「当たり前にある贅沢《ぜいたく》」に気づかせる

「今、ここ」に気づかせる声

「虫の声」という言葉で皆さんが連想するのは、きっと鈴虫やコオロギなどの、「秋の虫」でしょう。小さな虫たちがリンリンと響かせる音色は、秋の風物詩ですね。

しかし、虫の声が響くのは秋だけではありません。そう、夏の間、屋外ではセミの声が聞こえていたはず。初夏から初秋にかけて、毎日イヤというほど聞かされるセミの声は、「聞けば聞くほど暑くなる！」と、えてしてイヤがられるものです。

うるさく感じるセミの声と、美しいと感じる鈴虫の声は、一見対照的。しかし私たちの心に及ぼすエネルギーは、実は深いところでつながっているのです。

それは、「現在」に立ち返れるということです。命尽きるまで必死で鳴いているセミは、「今日一日を生き切ろう」とする、命の本来のありかたを教えてくれます。

音楽のように美しい声を持つ秋の虫たちは、私たちが何気なく受け取っている「当たり前の贅沢」が、「今、ここ」にあることを教えてくれます。

夏の終わりと秋の始まり——。移り変わる季節とともに、小さな命の声に耳を傾けてみましょう。それは、「今、ここ」に生きている私たち自身の命の喜びに、気づくきっかけになるのです。

虫の声

虫の声のエネルギーとつながる方法①

蝉時雨のなかで、今日の大切さを思う

夏空の下、けたたましい声で鳴くセミ。

エネルギッシュな声とは裏腹に、そのときセミは、一生の最終ステージにいます。五～六年を地中で生き、地上に出るとき――それはセミにとって、「あと少しで死ぬ」ことを意味します。

そのわずかな命を燃やすかのように、セミは鳴きます。子孫を残して命のバトンをつなぐために、オスはメスを呼びます。そして目的を遂げれば、潔《いさぎよ》く命を終えるのです。

そのことを、私たちは知識としては知っていても、自分に重ねることはまずありません。「うるさいな」「暑苦しいな」と思いつつ、通り過ぎる人もいるでしょう。

だからこそ今一度、蝉時雨《せみしぐれ》のただなかに立ち、セミ

たちの声を感じましょう。私たちの命も限りあるものであることを思い出しながら、こう念じましょう。

「私は一日一日を、大事に生きます」

すると、命を完全燃焼させるエネルギーにつながることができます。今日という日を精一杯生きるセミたちのように、今ある自分の命を生き切る意識が芽生えます。

命を輝かせるためにできることは何か、したいことは何か、私らしい生き方とは何か――「なんとなくの毎日」から抜け出す扉が、そこに開いています。

虫の声のエネルギーとつながる方法②

秋の虫の声に、「無償の恵み」を思う

鈴虫、松虫、コオロギ——秋の夜には、家々の庭先で虫の声が響きます。

その涼やかで澄み切った音に、五分間、ひたすら耳を傾けましょう。

音だけに集中すると、頭のなかに渦巻いていた思考が、ピタリとストップします。

人間の思考は、ともすればストレスの元になるものです。今日の失敗を後悔したり、明日の仕事に不安になったり——。

そんなふうに「過去」や「未来」へとさまよう雑念は、いつしか毎日をくすんだものにしてしまいます。

そんなときは、「今、ここ」で鳴いている虫の声に集中するのが一番。

部屋を暗くして、窓を開けて、音だけに耳を澄ませ

てみましょう。
もし、マンションの高層階など、虫の声を聞けない家に住んでいるなら、夜の散歩を楽しんでみるのも良い方法。公園のベンチにひとときに座れば、虫の声を楽しめます。
その美しい声が、毎晩「無償《むしょう》」で聞ける喜びにも思いを馳《は》せましょう。それは当たり前のようで、実は素晴らしい幸福です。
たったの五分で得られる、最高の贅沢。自然の与えてくれる無償の恵みに気づいたとき、私たちの毎日も美しく輝き出すのです。

3

season

season 秋 AUTUMN

果実

収穫の季節に届く、たわわに実った果実の数々
——それは、凝縮された生命力そのもの。
そのパワーを吸収し、疲れた心と体をよみがえらせましょう。

果実がくれるパワーとは

* 生命力のエキスが元気をもたらす
* すべてが「実り」になる、と気づける
* 感謝の心を思い出させてくれる

生命の営みの集大成を味わおう

季節がめぐるごとに、植物は花を咲かせ、葉を茂らせ、そして最後に、彩《いろど》り豊かな「果実」を実らせます。

果実は、その植物の命の営みの集大成。子孫をつくるための「命のカプセル」です。

果実のなかには、次の命を育《はぐく》むための養分が凝縮されています。収穫の秋、私たちが果物を食べて「おいしい！」と感じるのは、その濃さと豊かさを感じ取っているからです。

だからこそ、すぐに食べてしまう前に、この命の意味を考えてみましょう。

果実を実らせることができたということは、その植物がここまで精一杯生きてきた証《あかし》でもあります。時に豪雨に叩《たた》かれ、寒風にさらされるなかで、さらに強靱《きょうじん》さを増し、実をつけるだけのパワーを備えてきたということなのです。

同じことが、私たち自身にもいえます。辛《つら》いこと、苦しいことを抱えつつも今日まで生きてきて、明日に向かっている——そんな私たちにとって、逆境は決して無駄ではなく、いつか「成果」という名の実につながるものなのです。

果実は、それを目に見える形で思い出させてくれます。そのパワーに同調すれば、私たちの心に新たな力がチャージされるでしょう。目を、舌を、そして心を元気にする実りのエネルギーを、余すところなく吸収しましょう。

season 秋 AUTUMN

果実

果実のエネルギーとつながる方法①

果実を胸に当ててパワーを吸収する

リンゴ、ミカン、カキ、ブドウ——みずみずしい果実が手に入ったとき、食べる前に、「果実のこれまで」に思いを馳《は》せましょう。

この果実ができるまでには、数々の「大変なこと」があったはず。この果実を実らせた植物は、風雨や冷害に何度となく苦しめられたかもしれません。農家の人たちも、日々全力でこの植物を守ったでしょう。時には、枝にハサミを入れて「剪定《せんてい》」することもあったでしょう。伸びすぎた枝に養分が回ってしまうと、良い実がつかないからです。

このように、「成果」を得るまでには、さまざまな苦労や、犠牲があります。

私たちも同じです。辛い経験や、現在の苦労などの出来事は、いつか素晴らしい成果へと結実するための

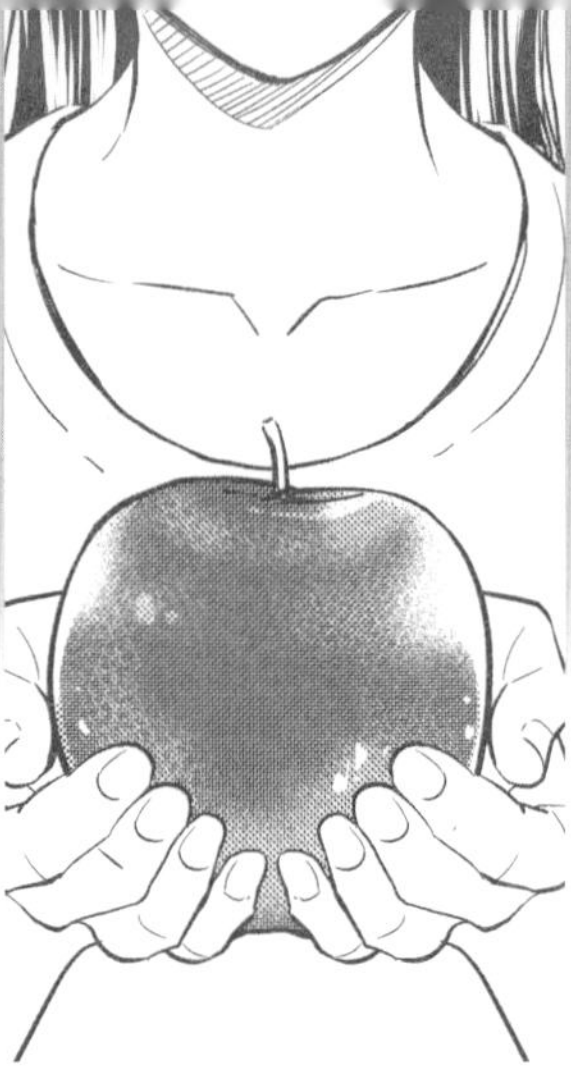

プロセスなのです。

果実は、それをリアルに感じさせてくれる存在です。色鮮やかなその実を両手に持ち、重みや手触りを感じましょう。

そして胸に押し当て、「私の人生は豊かに実ります」と唱えましょう。そのまま目を閉じ、胸のなかにある「ハート」に向かってエネルギーを吸収するイメージを描いてみてください。

凝縮された生命力が「ハート」に届いたとき、「ままならないことも、きっと超えていける」――そんな思いが湧《わ》き上がってくるでしょう。

果実のエネルギーとつながる方法②

三回の「ありがとう」を言う

果実の命を心で感じたら、次はその果実を食べることを通して、私たちの体に栄養を吸収しましょう。

このとき得られるのは果実の栄養だけではありません。生命のエキスを果実に送り込んだ、植物の生命力や土壌の養分も、私たちは同時に吸収できるのです。

そして、その背後には厳しい面もあります。果実は本来、植物が自分の子孫を残すために実らせたもの。そのバトンを、私たちは自分の生命のために断ち切ってしまっているのです。

だからこそ、その命を無駄にしない気持ちが大切です。たとえばリンゴを食べる前には、感謝を込めて次のように唱えましょう。

「私はリンゴの命を、自他ともにお役に立てます。ありがとうございます、ありがとうございます、ありが

とうございます」

梨なら「梨の命」、柿なら「柿の命」。

一回ずつ感謝を重ねていくような気持ちで、「ありがとうございます」を三回ゆっくりと繰り返しましょう。

そのあとに味わうと、果物の栄養が体中にしみわたります。感謝とともに食べることで、現在の日々が「成果」に結び付く作用が強まります。

吸収した命を通して精一杯生き、自分と人の役に立てる――その心を持ったとき、その人の人生全体がエネルギーに満ちるのです。

season 秋 AUTUMN

月

夜空に輝く月が静かに照らし出すのは、私たちの「心の底」。
潜在意識、隠れた願望、未知の可能性——
そんな「見えない部分」と向き合わせてくれるのです。

月がくれるパワーとは

- 自分が本来ありたい姿に気づかせてくれる
- 心のバランスを取り戻させてくれる
- 心の底にある痛みや悲しみを癒やしてくれる

ほのかな光が本当の自分を照らし出す

夜空に浮かぶ月の光は、まぶしい太陽とは対照的に、ほのかでやさしく、神秘的です。

太陽の光が「昼」、つまり目に見える世界の象徴なら、月は「夜」の象徴。明るい間は見えない部分――潜在意識や、奥深くに秘めた能力を浮かび上がらせるエネルギーを持っています。

その光に照らし出されるのは、心に秘めた本当の気持ち。日常生活に追われるなかでつい後回しにしてしまう、「～したい自分」や「～でありたい自分」と向き合わせてくれます。

そこにはしばしば、理屈抜きの感情や直感もあるはず。月のエネルギーと同調すると、そうした「説明のつかない気持ち」も、不思議と自然に受け止められます。

月の光には、癒やしの力もあります。心の奥底にある痛みや悲しみに、月は静かに寄り添ってくれます。そしてしみとおるような光で、痛みを和《やわ》らげてくれるのです。

月は「見え方」が日によって違う天体でもあります。あるときはまん丸な満月、あるときは細い三日月。姿が毎日変わることもまた、多様な思いが交差する人の心に似ています。

満ちた月・細い月、それぞれが及ぼす作用はさまざま。その光を眺めつつ、心のなかを覗《のぞ》き込んでみませんか？　あなたの知らないあなたの可能性が、目覚めるかもしれません。

月

月のエネルギーとつながる方法①
半月の力で心のバランスをとる

日々の雑事に追われ、「あれをしなきゃ、これをしなきゃ」ばかりに心を占められていると、人はつい本来の自分――「こうしたい、こうありたい」という気持ちを忘れてしまいがちです。

それを取り戻させてくれるのが、半月です。光と闇が等分に存在する半月は、心を解放する周波数を持っています。抑え込んだエネルギーを「暴発」させるのではなく、ゆるやかに外に出す、「バランス調整」の力があるのです。

ベランダや庭に出て、半月を見ながら「私の心のバランスをとってください」と唱えましょう。このときは、頭を空っぽにするのがコツ。「自分を変えたい」などと意識するのではなく、ただ月を眺めるだけでいいのです。

すると半月の周波数に心が同調し、自分の好きなことや、こうありたい自分のイメージが浮かんできます。できないと思っていたことについて「こうすればできるかも」というアイデアが浮かんでくることもあります。

未知の自分と出会えることもあるでしょう。イライラした態度をとる人のなかにあるやさしさや穏やかさ、思うだけで行動できない人のなかにある意外な活動性などが、表に出てくるのです。

こうして心のバランスが調整されたとき、人はひとまわり魅力を増すもの。それは、隠れた才能や可能性が解放される瞬間でもあるのです。

月のエネルギーとつながる方法②

三日月に心の痛みを癒やしてもらう

「理由は特にないけれど、なんとなく気持ちが沈みがち」になることはありませんか？

その原因は、記憶に残らないような古い出来事――小さいころに経験した辛《つら》さや悲しさ、寂しさなどが心の奥底に沈殿《ちんでん》しているせいです。そんな「形にならない痛み」を、月は静かに照らし出し、癒やしてくれます。

もちろん、理由がハッキリわかっている痛みにも同じ作用をもたらします。誰にも言えない心の傷や、毎日我慢している辛さをも、月は和らげてくれるでしょう。そんな作用があるのは、新月の前後数日頃の細い月、つまり三日月の光です。その光はあくまでやさしく、ほのかなもの。夜、一人になれる時間を見つけて、三日月が見える窓辺に座りましょう。部屋の照明

を暗くして、ココアやハーブティなどを飲んでリラックスしながら、こう唱えます。
「私の心の痛みを癒やしてください」
すると三日月の光が心にしみ込んできます。細くか弱い輝きではあっても、心の一番深いところまで届く不思議な力で、記憶の奥底の悲しさや寂しさに寄り添ってくれます。
しばらくそうして過ごしていると、心がほぐれてきます。「月が癒やしてくれた。もう大丈夫」という思いが湧《わ》いてきて、明日からの毎日を、また新たな気持ちで歩むことができるでしょう。

season 秋 AUTUMN

紅葉

木の葉が赤く色づき、山々や街路を鮮やかに彩る——
冬が訪れる直前、木々に訪れる華やかな変化は、
私たちのなかに秘められた力を呼び覚まします。

紅葉がくれるパワーとは

* 華やぎと元気を与えてくれる
* 内なる個性を目覚めさせる
* 古い自分を捨てさせてくれる

新しい自分への「変身」の兆し

落葉樹がもっとも美しく見えるとき――それは、秋が深まった紅葉の時季。

紅葉のメカニズムは、木が冬を越すために、養分となる「葉緑素」を葉から吸い取るため、と言われています。

つまり木にとっては冬ごもりの準備なのですが、葉はその最後のときに、鮮やかな変身をします。これまでの一律な緑色とは違う、色とりどりの姿となって、私たちの目を楽しませてくれるのです。

赤色、オレンジ色、黄色……。植物ごとに違った色彩で、森や山はもちろん、公園や街路の風景をも変えていきます。

そんな紅葉のエネルギーは、私たちに「個性を出す力」をもたらします。

「私もあんなふうに自分の色を出したい」「自分らしさを表現したい」という気持ちを呼び起こすのです。

しかしその葉も、やがては散るもの。とはいえ、それは木々が新しい一年に向かって歩み始めたことを意味します。

舞い落ちる葉、地面に散り敷いた葉は、古い自分を脱ぎ捨てていく意志をよみがえらせてくれます。自分らしく、かつ絶えず新しく生まれ変わる――個性と新陳代謝のパワーを、紅葉から受け取ってみませんか？

season 秋 AUTUMN

紅葉

紅葉のエネルギーとつながる方法①

色のきらめきを、自分に重ねる

並木道のイチョウの黄色、森を染めるモミジの紅。春が一番の見ごろとされている桜も、秋には葉が濃い赤色に染まります。

紅葉の色は、決して一様ではありません。その植物がもっとも「自分らしく」なるのが、この晩秋の時季なのです。

植物にそれぞれの美しさがあるように、私たちにも独自の個性があります。日々の生活を送るなかで、私たちはつい周囲に合わせたり、出すぎてはいけないと思い込んだりして、自分らしさを殺してしまいがち。そんなときこそ、色とりどりの葉を見て、本来の自分に立ち返りましょう。

紅葉で名高い名所に行くもよし、近くの公園を訪れるもよし。真っ盛りのシーズンに、二種類以上の紅葉

が見られる場所に足を運びましょう。

秋晴れの青い空と赤色や黄色との対照、その色が陽光に照らされてきらめくさま。それを存分に感じながら、こう心に念じます。

「私は、自分の個性を自由に表現します」

同時に、紅葉のきらめきに自分を重ね、「私も美しい光を放っている」というイメージを描きましょう。すると、眠っていた「私らしさ」が目を覚まします。

「なんとなく」や「無難に」ではなく、「こうしたい」と思って生きる――自分自身を生きる毎日へと、歩み出せるでしょう。

season 秋 AUTUMN

紅葉

紅葉のエネルギーとつながる方法②

落ち葉を見て、古い自分に別れを告げる

冬がいよいよ近づくと、紅葉は風に吹かれて散り、地面に落ちます。

植物は、次なる季節に向けて、古い自分を脱ぎ捨てるのです。

その潔《いさぎよ》さを、人間はつい忘れがちです。かつてはうまくいったけれど、今はうまくいかない、でも、やめるには惜しい……、という思いに、しょっちゅう駆られてしまうのです。

たとえば、前ほど楽しく感じられない交友関係。あるいは、昔のやり方ではうまく運ばない仕事。はたまた、そろそろ似合わなくなってきた服やメイク。しっくりこないことが、生活のなかにはたくさんあるはずです。

そこにしがみつくと、「自分らしさ」はどんどん霞《かす》ん

でしまうもの。いつまでもしがみつかずにハラリと枝から離れる葉のように、自然に手放す選択をすべきときが来ています。

落ち葉は、そこへと踏み切るエネルギーを与えてくれます。舞い落ちる葉を見られる場所に行き、散り敷いた枯れ葉の上を歩いて、カシャカシャと、小気味の良い音を感じましょう。

そして、心のなかでこう唱えます。

「私にふさわしい、新しい生き方に転換します」

そのとき、新しい自分への第一歩が始まります。その先に、新たな自分にふさわしい出会いや気づきが、いくつも待っていることでしょう。

season 秋 AUTUMN

夕日

秋の空が赤く染まる夕刻は、「昼間」と「夜」との区切りの時間。
夕日は私たちを温かく照らし出しながら、
癒やしと新たなパワーをもたらしてくれます。

夕日がくれるパワーとは

- 今日一日に感謝できる
- 疲れやストレスをリセットできる
- 今日の残りの時間を元気に過ごせる

「昼間の終わり」を感謝とともに

だんだんと日暮れが早くなる秋。夕日が空を染めるひとときは、「昼間の終わり」を感じる時間でもあります。

夕日の光は、朝日とは一味違う、赤く潤んだ色をしています。朝日が「始まりの光」だとしたら、夕日は「しめくくりの光」。それは、日中の出来事――良いことも悪いことも、すべてを受け容《い》れるエネルギーに満ちています。

そのエネルギーと同調するには、夕日を見ながら「感謝する」のが一番。今日を無事終えられたことに「ありがとう」を言うことで、一日の残りの時間を心穏やかに過ごせます。

「イヤなことがあった日は感謝なんて無理！」と思うこともあるかもしれませんね。

そんな日も、夕日は私たちをやさしく包んでくれます。真っ赤に燃焼する光は、辛《つら》かったことやイヤな気持ちを「燃やしてくれる」力も持っているのです。

できたこともできなかったこともあるけれど、「今日も精一杯生きた」と肯定することが大切。その力を、夕日から受け取りましょう。

地平線や水平線に沈んでいく夕日を、遠くまで見に行かなくても大丈夫。仕事帰りの路上で、あるいはベランダに出て、建物の陰に隠れていこうとする夕日を、見つめてみましょう。日没までの数分間が、心満たされるひとときになります。

夕日

夕日のエネルギーとつながる方法①

赤い光を見ながら自分に感謝する

家路をたどるとき、秋の空を染める真っ赤な夕焼けに心揺さぶられたことはありませんか？　それは、夕日があなたに「お疲れ様」と言っているのです。

夕暮れ時はついつい、夕飯の支度などの用事に追われて、せわしなく過ごしてしまいがちですね。しかしここはいったん立ち止まって、夕日とともに「日中のしめくくり」をしましょう。朝から現在までのことを振り返り、今日一日を過ごせたことに感謝し、今日を精一杯生きた自分にも「お疲れ様」を言うのです。

家のベランダでも、公園でも、夕日の見えるところならばどこでもかまいません。赤く燃える夕日を見ながら、胸の中心に両手を重ねて、こう言いましょう。

「私は今日一日、よくやりました」

本当は頑張れなかったのに、などと思う必要はあり

ません。良い結果を出せなかった日も、ついぼんやり過ごしてしまった日も、それがその日の「精一杯」だったことに変わりはないのです。
今日の自分を受け容れると、夕日のエネルギーとつながり、感謝の気持ちが体のなかにじんわりと浸透します。一日の残りの時間を満たされた気持ちで過ごせて、良い眠りにもつけるでしょう。それは、明日をさらに良い日にするエネルギーを蓄えることでもあるのです。

season 秋 AUTUMN

夕日

夕日のエネルギーとつながる方法②

イヤなことを、燃やしてリセットする

夕日は、朝日よりもずっと大きく見えるもの。そして昼間の光とは違う、真っ赤な色をしています。その赤さは、太陽がいつも「燃焼」していることを思い出させてくれます。夕日は、その日にあったイヤなこと、辛いことを「燃やす」という、リセットのエネルギーを持っています。

うまくいかない仕事、ままならない人間関係、思わぬ失敗――ネガティブな出来事に傷ついたり、イライラしたりしたときこそ、空を見て、夕日のエネルギーに同調しましょう。

真っ赤な光を浴びられる場所に立ち、次のようにつぶやきます。

「一日のイヤなことがすべて焼き尽くされ、リセットされます」

そして、イヤな出来事や沈んだ気持ちがみるみる焼き尽くされ、跡形もなくなる様子を心のなかに描きます。時間のある日なら、日が沈み切るまでじっくり続けるとよいでしょう。

積もりに積もったストレスがあるときは、週末などを利用して、海に沈む夕日を見に行くのもおすすめ。太陽が水平線に触れてから完全に沈むまでの数分間、偉大なリセットパワーを全身で受け取ることができます。

やがて日は沈み、残照も徐々に消えて、夕闇が訪れます。そのとき、波立っていた心も、穏やかに凪《な》いでいることでしょう。

こんなときには
この自然のパワーをもらおう

Column

金運を上げたい――

里山・果樹園

「お金が欲しい」とあくせく思うと、金運はますます逃げるもの。逆に、お金だけではない「収穫」「充実」「充足」のエネルギーに満たされることが、豊かさをもたらすのです。

里山など、低くなだらかな山のふもとには、そうした豊かさが満ちています。

肥沃《ひよく》な土地、清らかな湧《わ》き水、畑に実る作物。その風景を眺めて、大地がもたらす養分を感じましょう。

また、果樹園には収穫の象徴である果物があります。

ブドウ狩りやミカン狩りなど、果実をもいで食べる機会を持ちましょう。すると、みずみずしい命のエネルギーを、ダイレクトに味わえます。

その瞬間の充足感と喜びが、豊かさへの扉を開くことになるのです。

里山・果樹園がくれるもの

- 焦りや物欲しさをリセットできる
- お金だけではない豊かさを感じられる
- 「収穫」のエネルギーに満たされる

清流・森

日々を過ごすうちに、いつしか溜《た》まるストレス。心が疲れていると感じたら、それを洗い流せる場所に行きましょう。

それは、緑深い山のなかにある清流。森のなかを流れる混じりけのない清流は、浄化のエネルギーに満ちています。清流に触れると、心に溜まった澱《おり》が流され、静かで、澄み切った気持ちになれるでしょう。

周囲を取り囲む森も、癒やしのパワーに満ちています。深呼吸して、木々の芳香を感じましょう。加えて深い緑やせせらぎの音など、五感で森を感じると、清新さと安らかさが心によみがえってきます。

森のなかに巨木があれば、ぜひ手で触れてみましょう。何百年もの年月を生き抜いた生命力が木肌を通じて体と心にしみ入ります。

清流・森がくれるもの

- 心のわだかまりが浄化される
- リフレッシュでき、安らぎが得られる
- 自然の生命力を吸収できる

4
season

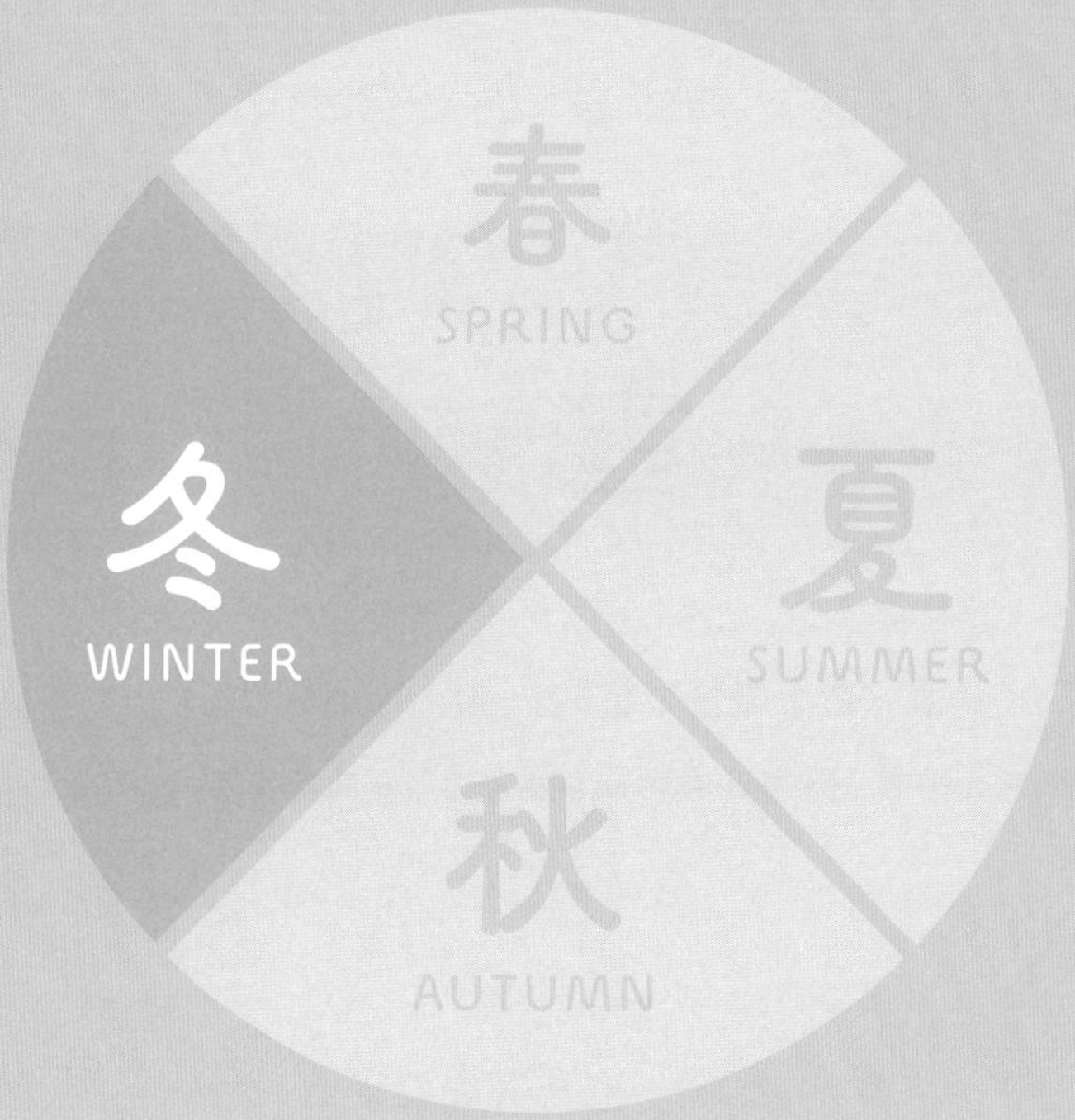

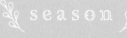

season 冬 WINTER

雪

冬空から、しんしんと降ってくる雪。
その真っ白な風景のなかで、私たちの心は
清らかさと、穏やかさを取り戻すことができます。

雪がくれるパワーとは

- 雑念が洗い流される
- 純粋な気持ちを再発見できる
- やさしさ、落ち着きを取り戻せる

空から降る「結晶」の清らかさ

凍《い》てつく真冬の空から、音もなく降ってくる雪。その白さは、雪が極限まで「純化されたもの」である証《あかし》です。

雪とはそもそも、大気中の湿気が上空で凍って、結晶となったもの。雪の一粒一粒は、純粋な物質だけが持つ、きわめて精緻《せいち》な形状をしています。

その純粋さこそが、雪のエネルギー。混じりけがないこと、究極的であること――雪は冷たさや白さのなかに、「極まり」というパワーを内包しているのです。

雪のもう一つの特性は、静けさです。雪は雨と違い、降るときに音をたてません。道行く人の足音も、車の音も、静謐《せいひつ》さに包み込まれていきます。

そして、やがて積もった雪は、風景を白一色に覆います。加えて、すべての輪郭が丸みを帯びます。尖《とが》った屋根も、硬質な直線でできた段差も、やわらかな曲線へと様変わり。冷たく静かに降る雪は、穏やかさややわらかさを生み出すものでもあるのです。

純粋さ、静けさ、穏やかさ——そんな雪のパワーとつながるとき、私たちの心も同じく、清澄《せいちょう》さと落ち着きを取り戻せるでしょう。降る雪を見つめ、積もる雪に触れ、心と体の濁《にご》りを洗い流してみませんか?

雪

雪のエネルギーとつながる方法①
降る雪を見て雑念を取り除く

雪の日に、窓の外を見ながら「極まったエネルギー」に心の波長を合わせてみましょう。

このとき、あえて部屋の暖房はつけないこと。少し厚着をして、頬《ほほ》には冬の冷気を感じられるようにしましょう。すると雪の白さと静けさが、スムーズにしみ入ってきます。

雪が降らない地域の人でも大丈夫。寒い日を選んで、カーテンを引いて部屋を薄暗くし、暖房もつけずに、雪が降る動画を見てみましょう。大きめの画面で、音量はゼロにし、雪の降るさまをじっと見つめれば、本物の雪景色のなかにいるかのように感じられます。

その静謐さを感じながら、次のように念じましょう。
「私のすべての雑念が払われ、クリアになります」

すると、雪の「静けさのエネルギー」とつながることができます。悩んだり迷ったりと、定まらなかった心が落ち着きを取り戻し、自分の「本当の気持ち」が見えてきます。

今どう感じているのか、どうしたいのか、自分はどう生きたいと思っているのか——すべてが濁りなく見えてくるのです。

日ごろとらわれていた不満も、人間関係のストレスも、ごく小さなことに思えるはず。雑念が消えて心が澄み、「本来の自分」に立ち返れるでしょう。

雪のエネルギーとつながる方法②

雪に触れて冷たさを感じる

時には少し遠出をして、雪深い温泉地などを訪ねてみましょう。純白の雪が風景をやわらかく包むさまを見ていると、心が穏やかになるのを感じられます。

そして、雪に直接触れてみましょう。空から落ちてくるひとひらを頬に感じたり、積もった雪に手を触れたりして、冷たさを肌で実感してみるのです。

北海道や東北などの寒い地域ならではの、細かな「粉雪」に触れるのも良いでしょう。きわめて気温の低い場所では、水分が少なく、「雪玉」を作ることができません。そんなパウダー状の雪は、一粒一粒が結晶を形作っています。

ルーペや虫眼鏡を持参して、それらをじっくり観察してみましょう。降る雪を手のひらで受けて、拡大して見ると、結晶の形状が一つずつ違うことがわかるは

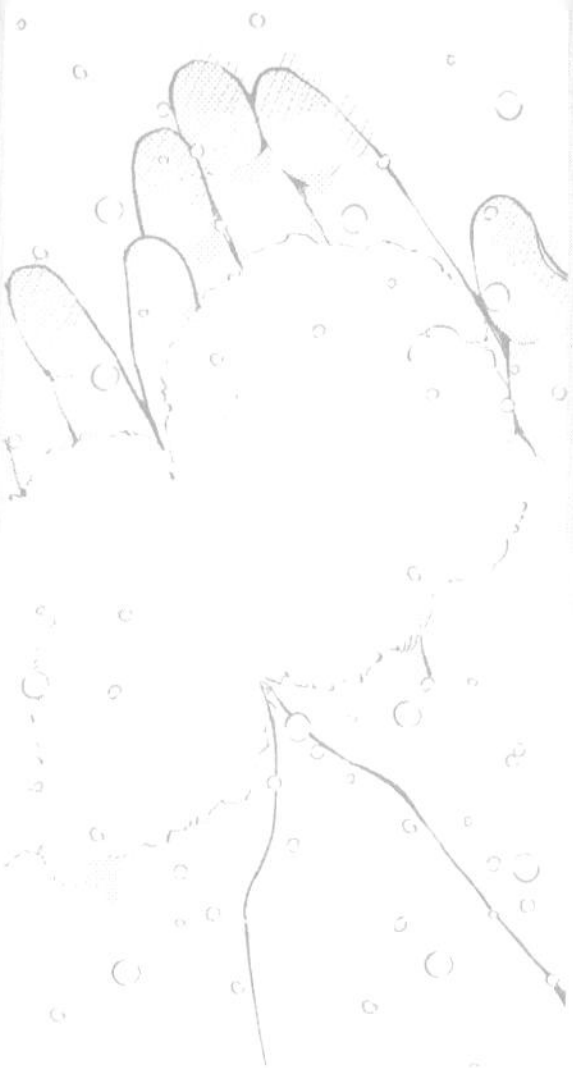

ずです。

人の手が加わっていないにもかかわらず、それぞれがきわめて美しく、完成された形——それはまさに自然がつくる芸術です。

その美しさを感じながら、こう心に念じましょう。

「私の純粋さを、取り戻します」

白さ、冷たさ、精緻な構造、すべてが「純粋さ」のエネルギーに満ちています。それを五感で受け取る一瞬一瞬が、心に淀《よど》む不純物をも洗い流すのです。

season 冬 WINTER

冷気

真冬の冷気を肌で受けると、
「目が覚める」ような感覚を覚えるもの。
澄んだ冷気には、精神をクリアに研ぎ澄ます作用があるのです。

冷気がくれるパワーとは

- 心身がスッキリ目覚める
- 物事が明確に見えてくる
- 感情を鎮められる

心身を引き締める「覚醒」のエネルギー

なかなか日が昇り切らない冬の朝。薄暗いなか、窓を開けると、冷たい空気が肌を刺激します。

その冷たさは肌だけでなく、頭のなかにまで差し込むかのよう。眠気の残る体をシャキッと覚醒させてくれます。

ここで「寒い！」と言ってすぐに窓を閉め、暖房をつけてしまうのはもったいない話です。真冬の冷気の「目覚めの力」を、しばし味わってみましょう。

冬は、空気が「澄む」季節です。とりわけ朝の外気は、ただ冷たいだけではなく、濁《にご》りのないエネルギーに満ちています。

このエネルギーとつながったとき、体と心はクリアな感覚を得られます。なんとなくスッキリしない、自分がどう考えているのかわからない、といった曖昧《あいまい》さが消え、現在の状況や思いが見えてきます。精神が研ぎ澄まされ、集中力や判断力が湧《わ》き――「理性」を取り戻せるのです。

冷気には、感情を平静にする力もあります。過度の怒りにとらわれているときは、文字通り「頭を冷やす」ことができます。興奮・嫉妬《しっと》・不安なども同じく、冷気のエネルギーとつながれば沈静化します。心が不安定なときこそ、冷気に肌を触れさせましょう。波立つ感情が徐々に凪《な》いで、惑わされない姿勢と、物事を見極める力がよみがえってきます。

season 冬 WINTER

冷気

冷気のエネルギーとつながる方法①

朝の外気に身をさらす

早朝は、冷気のエネルギーがもっとも強くなる時間帯です。人も街もまだ活動を始めないこのひととき、空気もシンと冷たく透き通っています。

そんな朝の冷気に、身をさらしてみましょう。玄関ドアの外、もしくはベランダに出て、冬空の下で数分間過ごしてみるのです。

分厚いコートやダウンジャケットを着込まずに外へ出ると、冷気に肌を刺されるような感覚を覚えるはず。思わず身を縮めたくなりますが、あえて背筋を伸ばして、軽く腕を開き、冷たさを全身で受け止める姿勢をとりましょう。

そして、次のように念じます。

「私は、やりたいことに集中します」

すると体が引き締まり、意識が「中心」に戻ってき

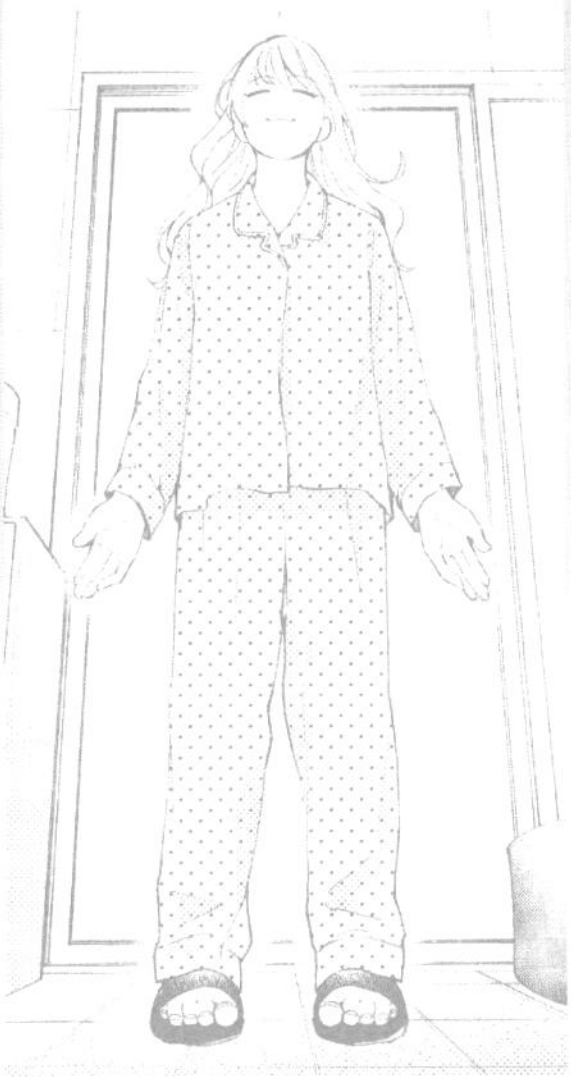

ます。
日々の雑事、小さなストレス、心配事や後悔といった「濁り」が洗われ、精神が統一されていくのです。日ごろ振り回されがちな「他人の思惑」も、小さなことに思えてきます。自分自身がどう感じているのか、どうすべきなのか――本当に大事なことへと、心が立ち返っていきます。
数分経《た》つころには体が覚醒し、心も冴《さ》え冴《ざ》えと澄み切っているでしょう。その覚醒感を味わいつつ部屋に戻り、クリアな意識で一日をスタートさせましょう。

season 冬 WINTER

冷気

冷気のエネルギーとつながる方法②

広い場所で冷たい風に吹かれる

怒り、嫉妬、苛立《いらだ》ちなどの強い感情は、しばしば心のコントロールを失わせます。いったんとらわれてしまうと、それらはどんどん肥大してしまいがち。それがまた感情を刺激し、過剰にさせていく悪循環を引き起こします。

何かに依存する気持ちも、過剰な感情です。「誰か」や「何か」にひどく執着したり、「あの人なら○○してくれるはず」と期待したり、期待通りにならなければ恨んだり……。

そんな「心の空回り」を、冷気はリセットしてくれます。

見晴らしの良い高台や、人の少ない公園などの広い場所に立ち、空気の冷たさに意識を集中させましょう。

そして目を閉じ、「私の冷静さを取り戻します」と心

に念じます。冷気が持つエネルギーと波長が合ったとき、過熱した頭がスッと冷えて、心の波立ちは鎮まっていきます。

しばらくしてから目を開けると、弱いながらもクリアに澄んだ冬の日差しが視界に入ってくるはず。その下に広がる街の風景も、前とは違って見えるでしょう。

そのとき、心は「とらわれ」から解放されます。振り回されていた心が、文字通り「我に返る」のです。理性的な心と、たしかな判断力を回復させることができるでしょう。

season 冬 WINTER

星空

満天の星を見上げるとき、目の前には「宇宙」が広がっています。
すべての自然を包括する宇宙とひとつになるとき、
私たちの心も無限に、大きく広がっていきます。

星空がくれるパワーとは

- 天体の偉大なスケール
- 無限の大宇宙との一体感
- 宇宙がもたらす「自分を愛する心」

宇宙から、愛とパワーを受け取ろう

夜空を見上げて、星の瞬《またた》きに目を凝らしていると、不思議な気分になりませんか？

ご存じの通り、その光は今現在の光ではなく、遠い過去の光が何十年、何百年もかけて、地球まで届いたもの。日常を超越した、悠久《ゆうきゅう》の時の流れに思いを馳《は》せたくなりますね。

そんな星々が輝く空は、私たちの意識を広げる力があります。はるかかなたにある星を目にすることによって、昼間には感じ取ることのできない、大宇宙とのつながりを感じられるのです。

さて、このときに私たちはつい、「大きな宇宙に比べて、私はなんてちっぽけなんだろう」などと考えてしまいがち。

宇宙は私たちに、そんなことを感じてほしいのではありません。逆に、私たちは宇宙と一体であり、無限の素晴らしさを持つ存在なのだ、というメッセージを送っています。

そのメッセージとは、言い換えれば宇宙の「愛」。星々がきらめく美しい夜空から、あふれる愛を受け取りましょう。

なお、星空を見るなら新月の夜か、その前後二日がおすすめです。明るい月の出ている夜は星が見えづらいからです。真っ暗な夜空をバックに、瞬く星々の美しさを感じましょう。

season 冬 WINTER

星空

星空のエネルギーとつながる方法①

満天の星から愛を受け取る

人間関係で辛《つら》い思いをしたり、家族のために忙しく働いても感謝されなかったり、誠実に仕事をしても褒《ほ》めてもらえなかったり……。

自分が独りぼっちで、誰からも大事にされていない、と感じてしまいがちです。

そんなときは、星空に目を向けましょう。空気のきれいな場所に行って満天の星を見られれば理想的ですが、都会でも冬場は空気が澄んでいて、晴天の夜にはたくさんの星が見えます。

しっかり厚着をして、ベランダや庭に出てみましょう。そしてリクライニング機能のあるイスに座り、できるだけ上半身を倒して星空を見ます。

すると漆黒《しっこく》の夜空に、いくつもの星が瞬くのが見えるでしょう。その一つひとつのきらめきが「自分に向

かって」降り注いでいる、と考えてみてください。

それは決して気のせいではありません。どんなに孤独だと感じていても、宇宙はいつでもあなたを見ていて、愛を注いでいるのです。

それを思いながら、こう唱えましょう。

「私は、宇宙に無限に愛されています」

そして、胸の中央の「ハート」に向かって無数の光が注ぎ、全身に広がるイメージを思い描きましょう。

見守られている、愛されている――そう感じたとき寂しさは消え、満たされた気持ちが湧《わ》きあがってくるでしょう。

星空のエネルギーとつながる方法②

宇宙との一体感を意識する

愛を感じて心が満たされたら、次は「自分と宇宙は同じもの」と感じるレッスンです。

①と同じくリクライニング機能のあるイスに座り、上半身を寝かせて行ないます。

最初は「同じだなんて信じられない」と思うかもしれません。たしかに普段の生活のなかでは、宇宙などまるで別次元のように感じがちです。

しかしそれは目の前のことに追われて、本当のことが見えなくなっているだけです。

宇宙はこの世の「すべて」です。太陽系も地球も、動物も木々もあなた自身も、宇宙と同じ本質を持っています。宇宙が無限に広がるように、あなたの内面にも無限の世界があります。

そんな自分の「無限」に思いを馳せながら、五分

間、星空をじっと見てみましょう。

だんだんと、自分は宇宙と同じであることが、当たり前のことのように心にしみ込んでくるはず。それは、宇宙の周波数と自分の周波数がピタリと合った状態です。

まさにそのとき、「私は、宇宙とひとつです」と唱えてみましょう。

実感が湧《わ》かないまま言ってもかまいません。口に出して唱えるだけでも、周波数は変わるものだからです。繰り返し試すうちにだんだんと一体感が増し、体の内側に無限のパワーが満ちてくるでしょう。

season 冬 WINTER

温泉

地面から湧《わ》き出す熱いお湯、温泉。

それは地球の内部にある、命の熱いほとばしりです。

温め、癒やし、ゆるませる自然の力に、全身を浸しましょう。

温泉がくれるパワーとは

- 地球の内部にたぎるエネルギーに同調できる
- 体と心を温め、不調を癒やす
- 緊張がほぐれ、リラックスできる

地球の内部の熱が命を活性化させる

温泉に含まれるさまざまな成分が、体を健康にしてくれることは、古来、日本人の知恵として生かされてきました。心身に不調をきたしたときに「湯治《とうじ》」という形で療養したのも、そうした習わしの一つです。

では、温泉の作用は「健康に効く」ことだけにとどまるのでしょうか？

実は、それ以上の意味があります。温泉のお湯は、「地球の命の噴出」なのです。

地球の内部には、何千度にも上る熱いエネルギーがたぎっています。そこで熱された地下水が地表の割れ目から噴出してきたものが温泉です。そのお湯に浸《つ》かることは、地球の巨大なエネルギーに体を浸すのと同じことなのです。

私たち日本人は、そのエネルギーに触れられるチャンスをふんだんに持っています。全国各地に個性豊かな温泉地があり、そこに赴いて元気を取り戻すことができます。

泉質は、場所によってさまざま。しかし共通しているのは「温める」「癒やす」「ゆるめる」という三つの作用です。

お湯に全身を浸すと、疲れや不調が芯からほぐされます。それは同時に、体のなかからもエネルギーが湧き出てきたということ。地球のエネルギーと同調したとき、自分のなかの自然治癒力が目覚めるのです。

season 冬 WINTER

温泉

温泉のエネルギーとつながる方法①

全身を浸し、緊張をほぐす

温泉地に行くと、「足湯」を楽しめるスポットがありますね。その場で気軽に味わえるのは確かにメリットですが、せっかく温泉のある町に足を運んだのなら、やはりゆったり、じっくり全身を浸すことがおすすめです。なぜなら、それによって緊張を完全にリセットできるからです。

温泉の湯には「温める」「癒やす」「ゆるめる」という効果があります。地球の内部のエネルギーは、人に安らぎを与える力に満ちているのです。

私たちは普段、「地表よりも上の自然」しか目にすることがありません。その下部にある、本来ならば味わうことのできない自然に、「浸かる」という密な接し方ができること――これは大きな恵みです。

その自然に浸りながら、「地表よりも上の自然」も同

時に味わえばさらにベター。屋内の浴場ではなく、青空や星空、海や山肌などが一望できる露天風呂ならば理想的です。

肌からも目からも自然のエネルギーを吸収しながら、次のように声に出してみましょう。

「私の、すべての疲れと緊張がほどけていきます」

そして引き続き、温かさと景色をじっくり味わいます。このように時間をかけることが大切なので、長く浸かれるぬるめのお湯の温泉を選ぶと良いでしょう。

温泉

温泉のエネルギーとつながる方法②

自分の「自然治癒力」を感じる

地球という巨大な天体を、何十億年も生き永らえさせてきた地球の生命力は莫大なものです。

その力のほとばしりに同調すると、私たちの側からも、それに「応える」力が湧きます。

それが「自然治癒力」。一方的に癒やしてもらうのではなく、内から湧き出すこの作用によっても、私たちは活力を取り戻せるのです。

温泉の熱を感じながら、自然と対話するかのように、自分の生命力が活性化するのを感じてみましょう。

といっても、そのために「頑張る」必要はありません。大いなる温泉の生命力に触れているだけで、自分が本来持っている治癒力を目覚めさせることができるのです。

ですから、こう唱えるだけで十分です。

「私の自然治癒力が活性化します」

もし体のどこかに不調を抱えていたら、続けて次のように言ってみるのもおすすめです。

「私の腰の痛みが取れます」

「目の疲れが取れます」

など。傷《いた》んだ場所を意識しながら唱えると、その部分の治癒力が活性化します。「私の心の痛みが癒やされます」と唱えると、穏やかさや晴れやかさも取り戻せます。

自分のなかに、元気になれる力がある——それを実感することで、また前を向いて毎日の生活を送っていくことができるでしょう。

season 冬 WINTER

太陽

太陽は、地球上に生きる全生命のエネルギーの源《みなもと》。
新しい年、昇る太陽に照らされて「新しい自分」に生まれ変わり、
パワーを全身に吸収しましょう。

太陽がくれるパワーとは

- 日の出を見ると「新しい自分」になれる
- 陽光に照らされると「体が元気」になる
- 太陽の熱で「前向きな力」が育《はぐく》まれる

生命力の源である太陽の恵みを吸収しよう

地上を明るく照らし、木々を茂らせ、果実を実らせる太陽。動物や人間の生命エネルギーも、太陽の光と熱によって支えられています。

古来、自然信仰において太陽は「最高の神様」として尊ばれてきました。ギリシャのアポロン、エジプトのアトン、日本の天照大神《あまてらすおおみかみ》など。

「初日の出」を見る習慣も、太古の信仰が今に息づいている印かもしれません。その意味で、新しい年の始まりに太陽のエネルギーを吸収する最高の機会と言えます。

もちろん、元旦でなくともかまいません。朝の澄み切った空気のなかで昇る朝日を見ていると、昨日までの自分は過去のものとなり、新しい自分へと生まれ変わる感覚が得られます。

昼間の陽光にも、人を元気にする力があります。冬場でも、昼間なら太陽の熱が地上に届き、光を浴びる人にひとときの暖かさを感じさせてくれます。体や心の弱った人が日光浴をすると体調がよくなるのはよく知られた話。「美白」にこだわりすぎて太陽光をずっと避けていると骨が弱くなる、という事例もよく聞かれますね。

このように太陽は癒やしであり、体のエネルギーをつくってくれる存在です。

そして心に、「生きる情熱」を与えてくれます。新しい年、新しい自分になり、力強く歩んでいく力を、太陽から受け取ってみませんか？

season 冬 WINTER

太陽

太陽のエネルギーとつながる方法①

日の出を見て、新しい自分になる

冬は夜が長いので、極端な早起きをしなくても日の出を見られるチャンスです。

できれば地平線から昇る太陽を見たいところですが、建物の陰から出てくる朝日でもかまいません。「家で一番早く日の出を見られる場所」を、あらかじめチェックしておきましょう。ベランダから東の空が見られれば理想的です。

朝は七時前に起き出してその場所に立ち、東を見ながら日が昇る瞬間を待ちましょう。

太陽が姿を現したら、目を傷《いた》めないよう注意しながら、薄目でその光をしばらく見ましょう。

そのあとは目を閉じてまぶた越しに光を感じ、目と目の間の眉間《みけん》にその光を当てるイメージを描きます。

眉間には、第三の目があるといわれます。その奥に

は、叡智《えいち》の源とされる「松果体《しょうかたい》」という器官がありま
す。

　ここに向かって朝日のパワーが差し込んでくる感覚を抱きながら、こう唱えてみましょう。

「私は、新しい！」

　これは、昨日までの自分とお別れして、新しい自分に生まれ直す、「リセット&ビギニング」の言葉です。

　朝日を見ると体内時計が「仕切り直し」をして体のリズムが整えられると言われていますね。心も同じく、朝日を見ることで、新たに歩み始めることができるのです。

太陽のエネルギーとつながる方法②

真上から太陽の光を浴びる

太陽が一番高く昇る時刻を「南中時刻」と言います。影が一番短くなるこの時刻、太陽の光と熱は最大値に達します。この強いパワーを浴びに、外に出てみましょう。

南中時刻は正午前後ですが、「この時間ピッタリに行かなくちゃ」と思う必要はありません。昼間の太陽であれば十分に元気をもらえるので、「お昼どき」ならいつでもOKです。

ベランダ、屋上、公園など、冬場でも暖かく感じられるくらい日当たりのよい場所に行ったら、光と熱を存分に浴びましょう。

立ったままでも、ベンチなどに座ってもかまいません。両腕をわずかに広げて体から離し、手のひらは上に。

そして太陽を見上げるのではなく、頭頂部を太陽に向けて目を閉じ、こう唱えましょう。

「太陽よ、私に生命力をフルチャージしてください」

頭のてっぺんから太陽のエネルギーが差し込み、体のすみずみの全細胞にまで行きわたっていく様子を思い描いてみてください。体がオレンジ色の光に満たされるようなイメージを描くのがコツです。

生命力の源である太陽は、こうお願いすれば必ず聞き届けてくれます。疲れを取り除き、元気を湧《わ》き出させ、心にも活力をよみがえらせてくれるでしょう。

season 冬 WINTER

冬の海

にぎわっていた夏がまるで嘘《うそ》のような、真冬の浜辺。
厳しい冷気のなかで冴《さ》えわたる青色——。
冬の海にしかない、深いエネルギーとつながってみませんか？

冬の海がくれるパワーとは

- 心身がキリリと引き締まる
- 心のざわつきが鎮静化される
- 荒波からパワーをもらう

濃く深い青色を見れば、心もしみわたる

「海に行く季節」と言えば、ほとんどの人は夏を思い浮かべるでしょう。

しかし実は、夏よりも冬の海からのほうが、より多くのパワーを受け取ることができます。

なぜなら真冬の海は、人影がまばらで、眼前に広がる光景をほぼ独り占めできるからです。

聞こえるのは、波の音だけ。潮騒《しおさい》に耳を傾けながら、頬《ほほ》を刺す冷気を感じていると、心身がキリリと引き締まってきます。

海の色も夏とは違って、青色がとりわけ濃く、深くなります。人が海に入らず、空気が乾燥して澄み切っているので、水の透明度がいっそう増し

ています。

目の前に広がる、圧倒的に深い青——それは、強い「鎮静化」の作用を持っています。

それでいて、活動のエネルギーにも満ちています。冬の浜辺は風が強いぶん、波が大きく立ち、心にパワーを送り込むのです。

波のしぶきと音は、繰り返し繰り返し、私たちの心に届きます。激しく砕ける波頭を見つめていると、奥底に隠れた思いや願いが目を覚まし、気持ちが奮い立ってきます。

そんな海を見に、真冬のドライブにでも出かけてみませんか？　独り、海の前に立ち、深い青と波の白と、澄んだ空気を受け取って、心にエネルギーを満たしましょう。

冬の海

冬の海のエネルギーとつながる方法①

荒波のパワーを心に注入する

真冬の荒波を、目で実際に見たことはありますか？　日本海に面した地域などに住んでいる方でないと、なかなか機会はなさそうですね。

ならば、「東映」の映画のオープニング映像を思い浮かべてみましょう。岩肌に砕け散る激しい波しぶき——まさに、あれが荒波です。

太平洋側の海も、日本海側ほどではないものの、冬は強風が吹き、波も荒くなります。総じて夏よりも、「厳しい海」となるのです。

しかしそれは、「迷う心」に活を入れるパワーを湛《たた》えている、ということでもあります。

決断できないとき、意欲が湧《わ》かないとき、気持ちばかり焦って体が動かないときには、海まで出かけてみましょう。風が強めの日を選んで、波しぶきを見に行

くのです。
ただし、雨の日や暴風の日は避けてください。また、あまりに荒れた海なら、近くに立つのは危険です。波の形を確認できる範囲で、ある程度の距離をとりましょう。安全な場所に立ち、砕ける波を見つめながら、心にこう念じます。
「私は自分の中心に立って、強く生きていきます」
すると迷いの霧《きり》が晴れて、身も心も引き締まります。本当の気持ちがわかり、勇気が湧いてきます。波の力と同調したとき、何をしたいか、なすべきかが見えてくるのです。

冬の海のエネルギーとつながる方法②

濃い青色を心に浸透させ、平常心になる

風のない日の海にも、パワーはあります。

それは、心を鎮静化させる力です。

冬の海の色は、心のざわつきを静めます。深く濃い青色は鮮やかに視覚にしみ通り、内面までをも澄んだ青色に浸します。

焦り、怒り、不満、苛立《いらだ》ちといった濁《にご》りがとれて、穏やかに、平らかに。海の静けさが、邪気を祓《はら》ってくれるのです。

イライラが何日も続いていたり、集中力が落ちていたり、落ち込んでやたらと自分を責めたり――そんなときは、海に出かけて心を浄化してもらいましょう。

波の音が聞こえるくらいまで海に近づき、視界いっぱいに青色を映し込みます。

次いで、深く静かに呼吸して、海のエネルギーを吸

収します。
　そして、目の前の深いブルーに全身が染まっていくイメージを思い描きながら、こうつぶやいてみましょう。
「私の心のざわつきが一掃され、正気に戻ります」
　すると、浄化のエネルギーとつながることができます。とげとげしく苛立った心も、ビクビクと過敏な心も、モヤモヤと雑念にとらわれた心も、スッキリと澄んで、明晰《めいせき》な理性と、晴れやかな気持ちがよみがえってくるでしょう。

エピローグ

この本を活用するにあたって、最後にどうしても皆さんにお伝えしておきたいことが二つあります。

一つは、私たちは「ありのままで完全な存在」であるということを受け容《い》れることです。

ともすると私たちは「自分を無力でちっぽけな存在」だと思ってしまいます。

そして自分の力だけでは幸せになれないと思い込み、外からパワーを得ようとすることに走りがちです。

確かに自然には、邪気を祓《はら》ったり、自分の中心に戻してくれたり、本当の気持ちに気づかせてくれたり、豊かさを受け取りやすくなる状態にしてくれる力があります。

だからといって、自分自身にそれだけの力がまったくないわけではないのです。

あなたという人は、本質的に必要なものはすべて持っています。たとえそれが三次元上に現れていないとしても、無限なる宇宙とひとつの存在ですから、足りないものなどないのです。

だからこそあなたは、「ありのままで完全な存在」なのです。そのことを心から信頼するなら、本当に必要なものがあなたに流れ込むようにできています。

それなのに、自然からパワーチャージしてもらうときに、すがるようなスタンスで行なってしまうと、「自分は無力な存在だ」というあなたの思い込みを強化することになってしまいます。強く思い込んだことが現実化するのが宇宙の法則ですから、あなたが本来持っている力が出せない状態を招いてしまいます。

あなたがどういうスタンスであっても、自然は無条件にパワーチャージしてくれます。

たとえ今は疲れていたり、気の迷いがあったりしても、あくまでも基本的には、「ありのままで完全な存在」で、必要なものはすべて持っているんだというスタンスであってください。

自然は補助してくれるものであり、自分の人生は自分で望むようにどうにでもできるということを信頼してください。そのほうが、あなたの力も目覚めやすくなるので相乗効果が出ます。

もう一つは、自然に感謝することです。

自然は文句を言いません。あなたに何の見返りも求めません。樹木などは自分の身を枯らしてでもエネルギーを与えようとすることさえあります。

なんという尊い愛なのでしょうか。

ですから、自然からパワーチャージしてもらったら、せめて愛を込めて感謝してほしいのです。そして、あなたが元気なときは、自然に対してあなたの愛を注いでくださると、自然も元気でいられます。

たくさん感謝し、たくさん感動し、自然を大切にしてあげてください。その愛がまた自然から私たちに流れ込み、そしてまた私たちも自然に感謝し、愛を注ぎ、大切にすることで、この地球に愛の循環が生まれます。よろしければ、そんな愛の循環に加わってください。それによって、自然と地球と、ひいてはあなた自身もますます愛で満たされるようになるでしょう。

二〇二一年一月

大木ゆきの

〈著者略歴〉
大木ゆきの（おおき・ゆきの）
小学校教師、コピーライター、国家的指導者育成機関の広報を経て、スピリチュアルの世界で仕事を始める。「宇宙にお任せして、魂が望むままに生きよう」と決意したときから、八方ふさがりだった人生が逆転し、自由で豊かな生活を手に入れる。この奇跡をたくさんの人に伝えたいという魂の衝動から、ワークショップや連続コースを全国で開催。募集開始とともに応募が殺到し、各地で満席状態に。ブログで情報発信を始めたところ、読者が急増し、アメーバブログ２部門で１位。
著書に、『神様にお任《まか》せで、勝手にお金が流れ込む本』『神さま！　がんばるのは嫌ですが、大成功する方法を教えてください！』（以上、ＰＨＰ研究所）他、多数。

ブログ『幸せって意外にカンタン！』　https://ameblo.jp/lifeshift/
facebook　https://m.facebook.com/yukino.ohki

いつもいいことが起こる自然からの無限パワーチャージ

2021年３月18日　第１版第１刷発行

著　者　大木ゆきの
発行者　後藤淳一
発行所　株式会社ＰＨＰ研究所
東京本部　〒135-8137　江東区豊洲5-6-52
第一制作部　☎03-3520-9615（編集）
普及部　☎03-3520-9630（販売）
京都本部　〒601-8411　京都市南区西九条北ノ内町11
PHP INTERFACE　https://www.php.co.jp/

制作協力
組　版　株式会社PHPエディターズ・グループ
印刷所
製本所　図書印刷株式会社

 ISBN978-4-569-84907-2